Oraciones
y promesas
para las mujeres

TONI SORTOR

≥CASA PROMESA
Una división de Barbour Publishing, Inc.

© 2006, 2018 por Casa Promesa

Impreso ISBN 978-1-68322-458-7

Ediciones eBook:
Edición Adobe Digital (.epub) 978-1-62836-404-0
Edición Kindle y MobiPocket (.prc) 978-1-62836-405-7

Oraciones y promesas para las mujeres

Título en Inglés: *Prayers & Promises for Women*

© 2003 por Barbour Publishing, Inc.

Todos los derechos reservados. No se autoriza la reproducción de este libro ni de partes del mismo en forma alguna para propósitos comerciales, sin el permiso previo escrito de la casa editora, con excepción de citas cortas para alguna crítica impresa sobre el libro.

Iglesias y otras organizaciones no lucrativas pueden reproducir partes de este libro sin el permiso previo escrito de Barbour Publishing, siempre y cuando el texto no exceda de 500 palabras o 5% del libro completo, lo que sea menor, y que el texto no sea material citado por otra casa editorial. Cuando se reproduzca el texto de este libro, deberá incluir la siguiente oración de crédito: "Tomado de *Oraciones y promesas para las mujeres*, publicado por Casa Promesa. Usado con permiso".

A menos que se indique lo contrario, todas las citas bíblicas son tomados de la versión Reina-Valera 1960. © 1960 Sociedades Bíblicas Unidas en América Latina. Usadas con permiso.

Desarrollo editorial: *Semantics Inc.* semantics01@comcast.net

Publicado por Casa Promesa, 1810 Barbour Drive, Uhrichsville, Ohio 44683, www.barbourbooks.com

Nuestra misión es inspirar al mundo con el mensaje transformador de la Biblia.

Member of the
Evangelical Christian
Publishers Association

Impreso en los Estados Unidos de América.

Índice

Prefacio 5

La ira 7

Oraciones contestadas 11

La belleza 15

Las bendiciones 19

El dar cuidado 23

La caridad 27

El parto 31

Los hijos 35

Los hijos, el amor a 39

La satisfacción 43

La corrección 47

La dignidad 51

La fidelidad 55

La familia 59

El temor 63

El perdón 67

Lo fructífero 71

La palabra de Dios 75

La obra de Dios 79

La buena esposa 83

El dolor 87

La guía 91

La culpa 95

La sanidad 99

La esperanza 103

La hospitalidad 107

La soledad 111

El matrimonio 115

El dinero 119

La obediencia 123

La paciencia 127

Las prioridades 131

Las promesas 135

La provisión 139

El dominio propio 143

La autoestima 147

El servicio 151

La calumnia 155

Los cónyuges 159

La fortaleza 163

Las pruebas 167

La confianza 171

La virtud 175

Los votos 179

La guerra 183

Las viudas 187

Prefacio

Algunos días, las oraciones salen a borbotones de nuestros labios sin esfuerzo alguno. Tenemos mucho por lo que estar agradecidas, por nuestras familias, nuestra fe, la provisión de Dios, y todas las promesas de las que somos herederas por medio de Jesús, nuestro Salvador. Otros días, las oraciones son más difíciles de pronunciar. Puede que estemos enfrentando una crisis, tengamos problemas con los hijos, o simplemente estemos demasiado exhaustas para orar. El día de una mujer es largo: sus deberes parecen interminables. *Oraciones y promesas para las mujeres* se basa en las promesas de Dios, y hay muchas. Usted ya conoce algunas de ellas, puede que otras le sean nuevas, y aún otras parecerán apuntar a sus preocupaciones específicas.

Este libro está diseñado para mujeres a las que se les exige tiempo. Si siente la necesidad de orar por alguna preocupación específica, lo más probable es que usted la encuentre en las páginas del índice. Puede que usted quiera ampliar estas oraciones o confeccionarlas a sus necesidades personales. Estas tienen la intención de ser usadas como iniciadoras para la oración, algo así como la levadura. En el peor de los casos, deben darle algo de consuelo y uno o dos momentos a solas para recuperar el aliento. Hay varias secciones en este libro dedicadas a las historias de mujeres de la Biblia con las que puede que esté familiarizada. Está claro que las mujeres siempre han sido obreras importantes en la iglesia, y parecía apropiado hacerlas aparecer en un libro diseñado para mujeres. Otras oraciones son menos específicas en cuanto al género, pero están enfocadas en base a las experiencias y las necesidades de las mujeres. Esperamos que encuentre este libro de utilidad en su vida de oración.

La pacificación del hogar

La blanda respuesta quita la ira;
mas la palabra áspera hace subir el furor.

PROVERBIOS 15:1

Señor, la mayoría de las veces soy yo quien desempeña el papel de pacificadora en el hogar. Esta es una labor de doble filo. No solo debo pacificar a los niños y a mi esposo en sus días malos, también tengo que ver que yo no contribuya al caos al desfogar mi propia ira. Cuando tenemos un día del tipo "ella me golpeó primero", Señor, ayúdame a morderme la lengua hasta que pueda responder con una respuesta sanadora, no iracunda. Cuando mi esposo llega a casa irritado porque algo salió mal en el trabajo, dame palabras tranquilizadoras, no palabras que lo herirán o que lo disgustarán aún más. Y cuando yo misma estoy con ira, permíteme ser un ejemplo de cómo lidiar de manera efectiva con la ira. Ayúdame a ser la pacificadora, nunca la que provoca mayor ira.

Evitando el pecado

*Airaos, pero no pequéis,
no se ponga el sol sobre vuestro enojo.*

Efesios 4:26

Padre, Tú sabes todo acerca de la ira, porque Tú mismo la has sentido. Lo que Tú condenas no es la ira en sí sino los pecados que la ira ocasiona. Lo que cuenta es lo que hago cuando estoy iracunda. ¿Acaso mi furia me hace decir palabras que hieren y que se recordarán por años? ¿Es mi tono de voz un arma en vez de un bálsamo sanador? ¿Menosprecio a aquellos que amo en el fragor de la ira? ¿O me mantengo lo más racional que puedo, y tal vez incluso me retiro hasta que pueda tratar el problema de una manera bondadosa? La próxima vez que esté iracunda, oro para que Tú me guíes lejos del pecado hasta que pueda volver a decir palabras de paz y consuelo.

Exagerando la nota

*Mejor es morar en tierra desierta que
con la mujer rencillosa e iracunda.*

PROVERBIOS 21:19

Algunas veces mi ira es tan abrumadora que no me gusta como soy, Padre. Escucho mi voz elevarse una octava y sé que estoy exagerando la nota. Los niños escuchan esa voz y corren a las colinas, esperando que me calme antes de que tengan hambre. El rostro de mi esposo se endurece en una máscara que me dice que preferiría estar en cualquier otro lugar que no fuera este, incluso en un desierto sin una botella de agua. Estoy emocionalmente sola, y me lo merezco. Señor, necesito pedirle perdón a mi familia, admitir que mi reacción fue extrema, y pedirle que me deje volver a ser parte de ella. Dame la determinación para mejorar las cosas, para ignorar mi orgullo, y para hacer lo que sea necesario para que volvamos a ser una familia.

El perdón

Antes sed benignos unos con otros, misericordiosos,
perdonándoos unos a otros, como Dios también
os perdonó a vosotros en Cristo.

EFESIOS 4:32

Una madre siempre perdona, Señor, incluso cuando la ofensa parezca imperdonable a los demás. A pesar de su ira y vergüenza, estoy segura que incluso las madres de los criminales habituales encuentran una manera de perdonar a sus hijos. No tenemos elección; ante todo, somos madres. Mis hijos merecen mi perdón también. Son jóvenes, y sus pecados son pequeños, aunque irritantes, al comparárseles con los pecados de los demás. Cuando alguien en mi familia hace algo malo, lo admite, y se arrepiente de ello, muéstrame cómo seguir Tu ejemplo, Padre, y perdonar por amor a Tu Hijo, quien vino a perdonarnos a todos nuestros pecados y hacernos aceptables a Tus ojos. Que nunca dude en perdonar a alguien cuando Tú ya me has perdonado.

Elisabet

Pero el ángel le dijo: Zacarías, no temas;
porque tu oración ha sido oída,
y tu mujer Elisabet te dará a luz un hijo,
y llamarás su nombre Juan.

LUCAS 1:13

Zacarías y Elisabet habían esperado años por un hijo, y ahora ambos eran ancianos, y hacía tiempo que se habían pasado de la edad para concebir hijos, sin importar cuánto quisieran tener uno. Luego, Gabriel, Tu mensajero, se le apareció a Zacarías con la buena noticia de que el hijo que Elisabet concebiría prepararía el camino para la venida de Tu Hijo. Padre, algunas veces parece que mis deseos más profundos nunca darán fruto, sin importar cuánto ore. Sigo con mi vida, pero hay un vacío en mi corazón que solo Tú puedes llenar. Sé que no todas las oraciones son contestadas, pero muchas sí lo son, así que sigo pidiéndote, por cuanto Tú eres mi esperanza.

Gabriel y María

*Y he aquí tu parienta Elisabet, ella también ha concebi-
do hijo en su vejez; y este es el sexto mes para ella, la que
llamaban estéril; porque nada hay imposible para Dios.*

Lucas 1:36-37

Gabriel le dijo a María que ella concebiría un hijo por
medio del Espíritu Santo, Jesús, el Salvador que los judíos
habían estado esperando. Luego le dio la noticia que su
prima estéril, Elisabet, también estaba encinta, a pesar de
su edad. El uso que Gabriel hace de Elisabet como un
ejemplo de Tu poder debe haber tranquilizado a María,
especialmente cuando él concluyó: "Porque nada hay
imposible para Dios". Bastante a menudo oro por lo que sé
que es imposible, Señor. Sé que en el mejor de los mundos,
la mayoría de mis oraciones no se realizarán. Pero algunas
sí, si están dentro de Tu voluntad para mí. Nada es
imposible para Ti.

Elisabet y María

*Y bienaventurada la que creyó, porque se
cumplirá lo que le fue dicho de parte del Señor.*

Lucas 1:45

Señor, Tus promesas nunca dejan de cumplirse, si tenemos
fe. Elisabet y su prima, María, nunca dudaron de las palabras
de Gabriel, Tu mensajero. Una mujer estéril en su vejez y
una joven virgen hicieron lo imposible porque eso era lo
que Tú querías de ellas, y ellas tuvieron fe de que Tú puedes
hacerlo todo. Los nacimientos de Juan el Bautista y Jesús el
Cristo fueron algo fuera de lo ordinario desde el principio; y
lo mismo fueron las mujeres que los dieron a luz. Padre, no
sé cómo Tú usarás mi vida, pero tengo fe en Tus promesas
y siempre estoy lista a hacer Tu voluntad, sin importar cuán
imposible me parezca en el momento.

El nombre

Pero respondiendo su madre, dijo:
No; se llamará Juan.

LUCAS 1:60

Señor, recuerdo cuán ansiosos estaban todos por conocer los nombres de nuestros bebés. Todos los familiares y los amigos tenían sus propias ideas, así como Elisabet. Ellos querían llamar a su bebé como su padre, quien merecía que su nombre continuara, pero Elisabet insistió en que el niño fuera llamado Juan, el nombre que Tú le habías dado por medio de Gabriel antes de que incluso fuera concebido. Zacarías respaldó a su esposa y obedeció a Tu mensajero: "Y llamarás su nombre Juan". Algunas veces tengo que ir en contra de los deseos de los demás para hacer Tu voluntad, Padre, y eso no siempre es agradable, pero Tus deseos vienen antes que todos los demás, y yo haré lo mejor que pueda por dar honra a Tu nombre, todos los días de mi vida.

Jerusalén

Y salió tu renombre entre las naciones a causa de tu hermosura; porque era perfecta, a causa de mi hermosura que yo puse sobre ti... Pero confiaste en tu hermosura.

EZEQUIEL 16:14-15

Tu ciudad elegida, Jerusalén, era Hermosa debido a Tu hermosura, Padre, una ciudad hecha perfecta por medio de Ti. Su fama se difundió por todo el mundo y, como sucede a menudo, sus habitantes comenzaron a darse ellos mismos el crédito por la hermosura de la ciudad, olvidándose que su verdadero cimiento descansaba en Ti y creyendo que su hermosura era, de alguna forma, evidencia de sus esfuerzos. Tiendo a hacer lo mismo hoy, dándome el crédito por lo que no he creado por mí misma. Por favor, no me dejes caer en la trampa del falso orgullo. Por muy pequeña que sea la hermosura que traigo a este mundo, esta es solo un diminuto reflejo de Tu hermosura, de Tu creación, de Tu perfección.

La persona dentro

Pues el hombre mira lo que está delante
de sus ojos, pero Jehová mira el corazón.

1 Samuel 16:7

Hoy somos demasiado conscientes de la belleza externa,
Señor. Se espera que nuestros cantantes, nuestros héroes,
nuestros modelos de conducta, incluso nuestros políticos,
satisfagan ciertos estándares de belleza. Aun peor,
instintivamente confiamos en los que son bellos, sin
mirar jamás más allá de sus cuerpos, como si la cabellera
perfecta indicara un cerebro perfecto, o un corazón puro.
Cuando nos detenemos a pensar en ello, sabemos que es
tonto, pero son raras las veces en que pensamos en ello.
Hazme más consciente de este error, Señor. Enséñame a
ver a través de la apariencia cuando elija a mis héroes o a
mi esposo. Un peinado perfecto no debe influir sobre mí
de manera indebida, puede que esté reconfortando a un
cerebro muy pequeño. Puede que un costoso traje italiano
esté cubriendo un corazón oscuro. Ayúdame a ver más allá
de la belleza, o de la falta de ella.

La belleza de la santidad

Dad a Jehová la honra debida a su nombre;
traed ofrenda, y venid delante de él; postraos
delante de Jehová en la hermosura de la santidad.

1 Crónicas 16:29

La santidad es la verdadera belleza, no lo visto o cómo esté arreglado mi cabello, o cuán blancos y brillantes se vean mis dientes. En efecto, la santidad es Tuya, nunca mía. Yo estoy fatalmente llena de defectos, pero adoro a Aquél que es perfecto en todo, Aquél cuya gloria sola es digna de alabanza y de acción de gracias. No hay belleza que se compare a la Tuya, no hay fidelidad como la Tuya. Los pequeños vistazos de belleza que decoran mi vida son granos de arena plateada al borde de un océano incomprensible de belleza. Solo veo uno o dos granos en toda mi vida, pero hacen que mis ojos se deslumbren y hacen que me aleje parpadeando. Te adoro en la belleza de Tu santidad.

La obra de nuestras manos

Sea la luz de Jehová nuestro Dios sobre nosotros,
y la obra de nuestras manos confirma sobre nosotros;
sí la obra de nuestras manos confirma.

SALMO 90:17

Lo que hago para ganarme la vida puede que ya sea algo secular o sagrado. La elección es mía. La clase de trabajo que haga no es importante. Puedo hacerlo todo de una manera tal que Te glorifique a Ti, Padre. Un obrero en el más humilde de los empleos es tan capaz de demostrar Tu belleza como el que trabaja en el más elevado de los cargos. La próxima vez que me sienta improductiva o inapreciada, hazme recordar que estoy trabajando para Tu gloria, no para la mía. Un poquito de Tu belleza se refleja en mi trabajo, cualquiera que este sea. Que aquéllos con quienes trabajo siempre Te vean en mi vida y se acerquen más a Ti a través de mí.

El cántico de alabanza de María

*Engrandece mi alma al Señor; y mi espíritu se regocija
en Dios mi Salvador. Porque ha mirado la bajeza
de su sierva; pues he aquí, desde ahora me dirán
bienaventurada todas las generaciones.*

Lucas 1:46-48

De todas las mujeres en el mundo, jóvenes o ancianas,
ricas o pobres, de elevada o humilde posición, Tú elegiste a
una joven de una provincia sin importancia y atrasada, para
que diera a luz a Tu Hijo, nuestro Salvador. Su respuesta
fue, de manera apropiada, un cántico de gozo y alabanza,
una de las oraciones más conmovedoras en la Biblia.
María comprendió que le habías dado un gran honor
que se recordaría por siempre, y ella lo recibió, así como
también la responsabilidad que lo acompañaba, con gozo.
Tú bendices mi vida de muchas maneras cada día, Padre.
Que reciba yo Tus bendiciones con un cántico de acción de
gracias en mis labios.

La misericordia de Dios

Porque me ha hecho grandes cosas el Poderoso;
Santo es su nombre, y su misericordia es
de generación en generación a los que le temen.

LUCAS 1:49-50

María se dio cuenta que su honor no era obra suya sino que venía como un regalo de Ti, Padre. Todo lo que ella había hecho era vivir en obediencia a Tus leyes lo mejor que podía, así como lo habían hecho sus padres y sus antepasados antes de ellos desde Abraham. Tú habías prometido hacer cosas poderosas por Tu pueblo. Algunas veces este Te había obedecido y florecido; otras, había seguido ídolos y sintió el dolor de Tu ira. Sin embargo, Tu misericordia siempre está sobre aquellos que Te siguen, y sus bendiciones fluyen de Tu constante amor. Hazme consciente de Tus grandes regalos, Padre, que mi cántico alabe Tu obra en mi vida.

Esparciendo a los soberbios

*Hizo proezas con su brazo; esparció a los soberbios
en el pensamiento de sus corazones. Quitó de los
tronos a los poderosos, y exaltó a los humildes.*

Lucas 1:51-52

María sabía que no era importante a los ojos del mundo,
ni de las maneras en que las personas generalmente consideran
la importancia. El orgullo no tiene valor. Es un sentimiento
falso de rectitud que solo vive "en el pensamiento de sus
corazones". Al elegir a María para que diera a luz a Tu Hijo,
ignoraste a los soberbios y los poderosos, demostrando Tu
amor por las personas sin importancia del mundo, aquéllos
que siguen Tus caminos a pesar del mundo. María no
reclamó parte alguna de Tu gloria. Ayúdame a entender
que valoras la fidelidad y confiar en Tu amor por
encima de todo lo demás, sin reclamar nada de Tu gloria
como recompensa personal.

Acordándose de la misericordia

A los hambrientos colmó de bienes y a los ricos envió vacíos. Socorrió a Israel su siervo, acordándose de la misericordia de la cual habló a nuestros padres, para con Abraham y su descendencia para siempre.

LUCAS 1:53-55

No solo bendijiste a María, Padre, también bendijiste a Israel, enviando a Tu Hijo para que redimiera a este pueblo al que siempre habías amado. Tu constante misericordia hacia él se había demostrado constantemente desde Abraham, aun cuando pecaba contra Ti y seguía ídolos. Ahora Tus promesas hacia él se cumplirían con el nacimiento del Salvador por medio de María. No todos aceptarían esta preciosa señal de Tu misericordia, pero el ofrecimiento se hizo para todos. No soy digna de Tus regalos de misericordia y perdón, Padre, pero los acepto con el gozo de María.

Estando allí

No me deseches en el tiempo de la vejez;
cuando mi fuerza se acabare, no me desampares.

Salmo 71:9

Llega un momento en la vida de toda mujer cuando sus padres, aquellas personas fuertes y amorosas que dieron su todo en la crianza de sus hijos, comenzarán a necesitar ayuda. Cuando ese momento llegue para mí, Padre, dame la sabiduría para entender los problemas que ellos están teniendo y las maneras, a menudo sencillas, en que puedo servirles. Muéstrame cómo hacer tiempo para ellos en mi ocupada vida ahora, para darles lo que necesitan y quieren, más mi amor y atención, tiempo con sus nietos, y mi promesa de que nunca los abandonaré. Por encima de todo, Padre, ayúdanos a encontrar el equilibrio adecuado entre la independencia y la protección que garantizará la seguridad de ellos y mantendrá la dignidad que ellos merecen tanto.

La dignidad

Honra a tu padre y a tu madre.
ÉXODO 20:12

A su debido tiempo, Señor, puede que tenga que comenzar a desempeñar un papel más activo en las vidas de mis ancianos padres. Puede que mi madre necesite ayuda con las compras; puede que mi padre necesite que se convenza que ya no debe conducir. Puede que tenga que ayudar a cuadrar su chequera, o ayudar con sus inversiones. Esta puede ser una etapa difícil para todos nosotros, especialmente si ellos creen que son una carga. Te pido Tu ayuda cuando llegue este momento. Hazme recordar que la dignidad de ellos debe conservarse siempre que yo tenga que ayudarlos. Mantenme con mucho tacto, permitiéndoles tener tanto autocontrol como les sea posible dentro de los límites de la seguridad, y honrando sus deseos por encima de los míos. Me dieron tanto; ahora es un honor para mí darles a ellos.

Inclusividad

*Pero si alguna viuda tiene hijos, o nietos, aprendan
estos primero a ser piadosos para con su propia familia,
y a recompensar a sus padres; porque esto es lo
bueno y agradable delante de Dios.*

1 TIMOTEO 5:4

Las hijas son por lo general las que dan el cuidado en la
familia cuando los padres envejecen, pero todos tienen un
cierto grado de responsabilidad. No dejes que intente llevar
la carga por mi cuenta, Padre. Mis hermanos y hermanas
tienen que sentirse incluidos, sin importar cuán lejos vivan.
Muéstranos cómo cada uno de nosotros podemos contribuir
al cuidado de nuestros padres, ya sea por medio de visitas
más frecuentes, llamadas telefónicas, o ayuda financiera.
No dejes que viva tanto por atender a mis padres que deje
fuera a otros miembros de la familia. Todos están sufriendo
ahora, incluso aquéllos que parecen indiferentes, y tengo
que hacer que todos estemos unidos para que la ancianidad
de mis padres sea una época de buenos recuerdos para
todos.

Manos que ayudan

Si algún creyente o alguna creyente tiene viudas, que las mantenga, y no sea gravada la iglesia, a fin de que haya lo suficiente para las que en verdad son viudas.

1 TIMOTEO 5:16

A medida que mis padres envejecen y necesitan más y más ayuda de mi parte, recuérdame que hay otra ayuda disponible, Padre. Los acompañantes a medio tiempo o las enfermeras o los enfermeros pueden ayudar a aligerar las cargas de tiempo de mi familia y hacer posible que mis padres se queden en casa. Los centros para personas de la tercera edad pueden ofrecer actividades y atención de calidad para los ancianos. *Food on Wheels* y otros programas similares pueden asegurar una alimentación apropiada para aquéllos que todavía viven solos. Los costos son mínimos y a menudo los cubre el seguro. Mi familia y yo proveeremos todo lo que podamos, pero no es vergonzoso pedir ayuda cuando se la necesita. Tú has provisto estos ayudantes para nosotros; usémoslos sabiamente, Señor.

Con la misma medida

*Dad, y se os dará; medida buena, apretada, remecida
y rebosando darán en vuestro regazo; porque con la
misma medida con que medís, os volverán a medir.*

LUCAS 6:38

S eñor, cuando horneo tengo mucho cuidado para ver
que mis medidas sean exactas. Los ingredientes secos
tienen que remecerse y apretarse, especialmente el azúcar
rubia, o los resultados no serán tan dulces como debieran.
Enséñame a ser igual de meticulosa en mi amor al prójimo.
La taza de harina que le presto a mi vecina debe ser una
taza llena y generosa; la ropa que dono para obras de
beneficencia debe estar limpia y en buen estado, no ropa
que pertenece a la basura. Mis actos de caridad dicen
mucho de Ti, y quiero darte honra en todo tiempo.

Dando con gozo

*Cada uno dé como propuso en su corazón: no con tristeza,
ni por necesidad, porque Dios ama al dador alegre.*

2 Corintios 9:7

Señor, algunas veces comienzo dando generosamente pero termino volviendo a guardar el billete grande en mi billetera y encontrando uno más chico para ponerlo en el plato. Otras veces veo a mis compañeros de banca dando más que yo, así que rápidamente vuelvo a cambiar los billetes porque me siento presionada a ser más generosa. Para cuando el plato se perdió de vista, no me siento alegre en absoluto. Sé que a nadie le importa lo que yo dé. Estoy presionándome y no puedo culpar a nadie más sino a mí misma. No permitas que sienta una presión social que ni siquiera está allí, Padre. Sin importar lo mucho o lo poco que pueda donar, debo darlo con gozo.

Dando en privado

Guardaos de hacer vuestra justicia delante de los hombres, para ser vistos de ellos; de otra manera no tendréis recompensa de vuestro Padre que está en los cielos.

MATEO 6:1

Padre, preferiría esperar Tu recompensa en el cielo pero, ya que soy humana, no siempre puedo esperar. ¿Puedo al menos decírselo a mi esposo? No se lo diremos a nadie más, porque mi buena acción fue realmente insignificante. Pero la sonrisa en su rostro ya es mi recompensa, ¿no es cierto? Hacer Tu obra no debe ser como mi antigua tropa de las Muchachas Exploradoras, donde teníamos que encontrar al menos una buena acción al día que informar en cada reunión. Ayúdame a vencer el impulso de darme una palmadita en la espalda a la vista de los demás y esperar a escuchar que Tú digas: "Bien hecho".

La recompensa

Entonces nacerá tu luz como el alba, y tu salvación
se dejará ver pronto; e irá tu justicia delante de ti,
y la gloria de Jehová será tu retaguardia.

ISAÍAS 58:8

Tú me prometes maravillosas recompensas cuando soy
caritativa, Señor. Seré "huerto de riego, y como manantial
de aguas, cuyas aguas nunca faltan" (Isaías 58:11). Tendré
buena salud, así como también una buena reputación, y
viviré una vida de justicia. Recuérdame esto la próxima vez
que deje pasar un evento de beneficencia por una noche
frente al televisor o que cuelgue el teléfono sin siquiera
escuchar al que está llamando. No puedo responder a toda
solicitud que se me hace, así que cuento contigo para que
me guíes hacia dónde debo invertir mis esfuerzos de tal
modo que Te dé la gloria.

El regalo de Dios

Porque un niño nos es nacido.

ISAÍAS 9:6

Padre, cuán maravilloso es el nacimiento de cualquier bebé, sea este mío o Tuyo. Paso horas observando cómo duerme este nuevo ser. Fue creado por mi esposo y por mí, y sin embargo, es tan diferente a nosotros. Tengo grandes sueños para el futuro de este niño. Sé que este bebé, nuestro bebé, es verdaderamente especial y oro para que sea una bendición para todo el mundo. María no conocía toda la historia del futuro de su hijo (saberlo todo podría haberle destrozado el corazón), pero sabía que Él era un regalo de Ti que bendeciría a toda Tu creación. Sé con nosotros hoy en nuestro gozo y permanece cerca mientras nos esforzamos por criar a este bebé de tal manera que Te agrade y permitirle alcanzar lo que sea que Tú has planeado para él.

Mi recompensa

He aquí, herencia de Jehová son los hijos;
cosa de estima el fruto del vientre.

SALMO 127:3

Tú me equipaste para muchas cosas, Señor, y una de ellas es la capacidad para dar a luz hijos. Hiciste mi cuerpo fuerte. Me diste un esposo que quiere hijos tanto como yo. Me aseguraste que seríamos buenos padres con Tu ayuda. Debido a Tus bendiciones, este diminuto bebé se nos ha unido y nos ha hecho una familia. Sé que hay mucho trabajo que nos queda por delante en la crianza de este bebé, trabajo físico, emocional, y espiritual, pero las recompensas de la paternidad y la maternidad ya son mucho mayores que sus exigencias, incluso en los días más duros. Que Tu presencia en medio de nuestra familia bendiga a este niño a lo largo de los años por venir. Gracias, Señor. No fallaremos con este niño. Valoraremos Tu regalo.

Aleluya

Él hace habitar en familia a la estéril,
que se goza en ser madre de hijos. Aleluya.

<small>Salmo 113:9</small>

No todas las mujeres tendrán hijos, Señor. Algunas nunca encuentran al hombre indicado, el hombre con el que quieran tener hijos. Algunas eligen no tener hijos. Invierten sus esfuerzos y tiempo en otras actividades y son felices con su elección, una elección que Tú les has permitido por medio de Tu regalo de la libertad. Otras tendrán dificultades y años de tristeza que puede que nunca lleven a la maternidad. Ya sea que la maternidad venga fácil, algo que no se elige, o venga más tarde de lo deseado, ayúdame a recordar que nuestras vidas son una profunda preocupación para Ti. Si está en Tu voluntad, habrá hijos. Si este no es el camino que has elegido para una pareja, harás que sus vidas sean significativas de otras maneras. Aleluya.

Maravillosas obras

Te alabaré; porque formidables, maravillosas son tus obras; estoy maravillado, y mi alma lo sabe muy bien.

Salmo 139:14

Mi bebita conoce mi rostro, y su sonrisita curvada es el cielo para mí. Algunas personas en la familia no creen que mi bebé me sonríe ("Son gases" declaran), ni qué decir que conoce mi rostro y lo relaciona con cosas buenas, pero ella verdaderamente es una obra maravillosa. Si bien una vez fue una criaturita que buscaba alimento o consuelo, y solo estaba preocupada con sus propias necesidades, ahora de repente sabe cómo darme consuelo a mí. No sé cómo esto sucede, Señor, pero Te agradezco por toda la obra detallada, compleja, y misteriosa que has puesto en esta bebita y por Tu decisión de dejarme ser la madre de un pequeño ser tan asombroso.

Corrigiendo en amor

Hijos, obedeced en el Señor a vuestros padres, porque esto es justo. Honra a tu padre y a tu madre... para que te vaya bien, y seas de larga vida sobre la tierra.

EFESIOS 6:1-3

Incluso los niños pequeños tienen responsabilidades, pero Tú emparejas cuidadosamente cada mandamiento con una promesa, una táctica que la mayoría de las madres aprenden fácilmente. Esto no es soborno sino causa y efecto; los niños que obedecen y honran a sus padres encuentran la vida familiar muchísimo más placentera que aquéllos que no lo hacen. Luego Tú añades una segunda promesa que solo puede provenir de Ti: "y seas de larga vida". Criar hijos obedientes y amorosos exige que yo muestre gentileza y paciencia, no amenazas o dureza. Oro para que me enseñes cómo suavizar cada corrección con el mismo amor que recibo de Ti, que me guías y me corriges. Que Tu paciencia y amabilidad se hagan visibles a través de mis acciones.

Los padres y la disciplina

*Oíd, hijos, la enseñanza de un padre, y estad
atentos, para que conozcáis cordura. Porque os
doy buena enseñanza; no desamparéis mi ley.*

PROVERBIOS 4:1-2

La mayor parte de la disciplina familiar proviene de mí
porque estoy en casa más tiempo que mi esposo, y lo mejor
es impartir la corrección sin demora. Muchos padres
evitan disciplinar a sus hijos, por no querer echar a perder
las pocas horas al día que pasan con ellos, pero los niños
necesitan saber que sus padres se preocupan por ellos y
que los aman lo suficiente como para corregirlos. Señor,
ayúdame a ver cuando mi esposo necesita ayuda en esta
área. No permitas que lo deje fuera de esta responsabilidad
solo porque puede que ese sea el camino fácil. Tampoco
permitas que lo sobrecargue, haciendo que siempre haga
el papel del "padre malo". Enséñanos a trabajar como un
equipo en la crianza de nuestros hijos, compartiendo tanto
los buenos tiempos como los malos.

Muchachos desenfrenados

Aun el muchacho es conocido por sus hechos,
si su conducta fuere limpia y recta.

<small>PROVERBIOS 20:11</small>

Hay ciertos niños a los que no quiero dejar entrar en mi casa, pues sé que algo romperán, que al gato lo torturarán, o que le enseñarán alguna nueva forma de transgresión a mis hijos. Estos niños no son realmente malos, sino simplemente malcriados. Nadie les ha enseñado las reglas básicas del comportamiento aceptable. Con algunos de ellos puedo trabajar con suavidad, sin tomar el lugar de sus padres, pero civilizándolos un poquito por medio del amor. A otros tendré que desterrarlos hasta que entren en razón y Tu amor alcance sus corazoncitos. Padre, oro por estos muchachos desenfrenados que necesitan tanto de Tu amor e instrucción. Muéstrame cómo puedo ayudarlos de alguna manera pequeña sin asumir los deberes de sus padres o amontonar la culpa sobre alguien.

Corderitos

*Los leoncillos necesitan, y tienen hambre; pero los que
buscan a Jehová no tendrán falta de ningún bien.*

SALMO 34:10

Algunos niños nacen siendo leones; otros nacen siendo
corderos, pero los mansos heredarán la tierra. Esa es Tu
promesa, aun cuando no la vea cumplirse en mi tiempo.
Es muchísimo más difícil criar a un cordero que a un león,
Padre. El león pronto aprende a abrirse paso por su cuenta,
tomando lo que necesita, mientras que un cordero necesita
protección y cuidado constantes. Pero algunas veces hay
una sequía, y los leones están hambrientos, mientras que
el pastor sigue allí para alimentar y dar de beber a los
corderos. Padre, protege a mis corderos. Aliméntalos
con Tu amor. Enséñame cómo pastorearlos a través de los
tiempos difíciles y ayúdalos a actuar de una manera que Te
agrade a Ti.

Un niño en la multitud

Y tomó a un niño, y lo puso en medio de ellos;
y tomándole en sus brazos, les dijo: El que reciba
en mi nombre a un niño como este, me recibe a mí.

MARCOS 9:36-37

En tiempos bíblicos, a los niños no se los consideraba muy útiles sino hasta que pudieran contribuir al bienestar familiar. Pero atravesaste la multitud de adultos, incluyendo a los discípulos, para alcanzar y tomar a un niño entre Tus brazos como un ejemplo de fe. Esto debe haber sorprendido al niño, quien indudablemente había sido empujado y alejado por la multitud. Puede que no le haya parecido importante a los adultos, pero Tú conocías la importancia de la inocencia y la fe como las de un niño. La salvación yace a lo largo de ese camino. Sé que mis hijos tienen mucho que enseñarme, Señor. Ayúdame a ser receptiva a Tus lecciones, especialmente cuando las envías a través de un niño.

La redefinición de la grandeza

Y cualquiera que me recibe a mí, recibe al que me envió; porque el que es más pequeño entre todos vosotros, ese es el más grande.

Lucas 9:48

Continuaste con Tu lección diciendo que cualquiera que Te recibe a Ti también recibe a Tu Padre, quien Te envió. La condición social, la educación, las riquezas, todas las cosas que la sociedad valora, no son tan importantes para Ti como la fe, la cual incluso el niño más humilde puede poseer. Este es un concepto difícil de enseñar a los niños hoy, Señor. La sociedad alienta la adoración a figuras de los deportes y a estrellas de las canciones pop, a los ricos y los famosos. Tengo que redefinir lo que es la "grandeza" para mis hijos, y mostrarles ejemplos dignos de aquéllos que Te han recibido a Ti. Tienen que saber que hay una manera mejor y más gloriosa de vivir, una manera tan sencilla que incluso un niño pequeño puede entenderla.

El juicio

*Morará el lobo con el cordero, y el leopardo con el cabrito
se acostará; el becerro y el león y la bestia doméstica
andarán juntos, y un niño los pastoreará.*

ISAÍAS 11:6

A los niños se les puede asustar fácilmente ante la
perspectiva de juicio. Saben que han pecado, al igual
que nosotros, sus padres, y sienten angustia en cuanto
a tener que dar cuentas, aun cuando han aceptado su
salvación por medio de Ti. Nos diste este versículo para
tranquilizarnos. ¿Quién tendría miedo de vivir cuando
los cazadores y las presas viven juntos en perfecta paz?
No habrá más guerras, no más política, no más temor,
solo el gobierno de Tu justicia por siempre. "Y un niño
los pastoreará". Cuando mis hijos pregunten acerca de Tu
venida, hazme recordar esta promesa para que no tengan
miedo de lo que debe ser un gran día para todos nosotros.

La promesa

Porque para vosotros es la promesa, y para vuestros hijos,
y para todos los que están lejos; para cuantos
el Señor nuestro Dios llamare.

HECHOS 2:39

Pedro estaba rodeado de personas que preguntaban qué debían hacer para recibir al Espíritu Santo. Su respuesta fue simple: "Arrepentíos, y bautícese cada uno... para perdón de los pecados" (Hechos 2:38). Esta promesa nos fue dada a todos, de toda nación, de toda condición, ya sea de cerca o de lejos, tanto adultos como niños. Tú harás el llamado; todo lo que tenemos que hacer es arrepentirnos y bautizarnos. El proceso es simple para que incluso los más simples puedan entenderlo. Ayúdame a explicar esto a mis hijos, Señor. Anhelo saber que Te pertenecen a Ti, por cuanto, como lo dijo Juan: "No tengo yo mayor gozo que este, el oír que mis hijos andan en la verdad" (3 Juan 4).

La codicia

Sean vuestras costumbres sin avaricia,
contentos con lo que tenéis ahora;
porque él dijo: No te desampararé, ni te dejaré.

HEBREOS 13:5

Es tan fácil caer en la trampa de la codicia, Señor. Hoy todo es más grande, mejor, nuevo y mejorado. El jabón "Ivory" es lo único que no viene con una nueva presentación cada año, pero todavía me limpia. Extraño la satisfacción a la antigua, que usaba los productos, cuyas bondades habían quedado comprobadas por el tiempo, y que miraba la puesta del sol en vez de las noticias de la tarde. Aun así, admito que no estoy totalmente conforme. Simplemente hay tanto a disposición, y algunas de esas cosas se ven bastante buenas. En esos días cuando un comercial tenga un poquito de efecto sobre mí, hazme recordar que tengo todo lo que realmente necesito, Señor. Lo mejor de todo, Te tengo a Ti, cuyas promesas nunca cambian, y siempre suplirás para mis verdaderas necesidades.

Un corazón alegre

El corazón alegre constituye buen remedio.

Proverbios 17:22

Conozco a una mujer cuyo corazón rebosa de alegría, Señor. Sonríe continuamente y se ríe a carcajadas, contagiándonos a todos a su alrededor con las risas. Hace que todos se sientan bien consigo mismos, sin importar cuál sea la situación, porque la preocupación de ella por los demás es auténtica. Es una mujer muy enferma pero disfruta cada momento de la vida, ya sea que este esté lleno de gozo o de dolor, y se sobrepone a su enfermedad. Francamente no sé cómo lo hace, pero creo que su corazón alegre le ha prolongado la vida. Señor, desearía poder vivir en un gozo continuo, tal y como ella lo hace. Me gustaría que se me recuerde por mi risa, pero me temo que no son suficientes las personas que la han escuchado. Me encantaría estar satisfecha sin importar lo que se me presente en el camino. Mantén a esta mujer saludable lo mismo que feliz. El mundo la necesita.

La aflicción

Todos los días del afligido son difíciles; más el de corazón contento tiene un banquete continuo.

PROVERBIOS 15:15

He estado afligida en mi vida, como la mayoría de las mujeres, pero Tú me ayudaste a salir de la aflicción y me invitaste a tu banquete continuo. Justo ahora sigo en Tu banquete, pero sé que la aflicción volverá. Justo ahora estoy satisfecha y cómoda, disfrutando la vida al máximo, no sé si me sentiré así cuando vuelva a pasar por pruebas, porque en realidad no tengo un corazón contento. Como la mayoría de las personas, soy la persona más feliz cuando las cosas van bien, pero cuando las cosas van mal, mi corazón no está tan contento. Ayúdame a superar esta fastidiosa duda de mí misma, Padre. Hazme recordar que Tus bendiciones son para siempre y que no tengo nada que temer. Oro por un corazón contento.

Sueños realizados

No tenga tu corazón envidia de los pecadores, antes persevere en el temor de Jehová todo el tiempo; porque ciertamente hay fin, y tu esperanza no será cortada.

<small>PROVERBIOS 23:17-18</small>

¿Por qué debe mi corazón envidiar a los pecadores? Puede que el mundo les dé ciertas ventajas, pero yo ya estoy satisfecha con mi vida, así que, ¿por qué los seguiría? Poseo todo lo que necesito, más de lo que ellos jamás disfrutarán: felicidad, gozo, amor y perdón por mis pecados. Aún así, puedo entender que hay muchos buenos cristianos cuyos sueños no se hacen realidad, Señor. Luchan por llegar a fin de mes y por proveer a sus familias, y sin embargo caminan por la vida con un corazón contento. Gracias por Tu atención a ellos, por Tu provisión, y por la promesa de que sus sueños finalmente se harán realidad. Les deseo la satisfacción que ahora yo estoy disfrutando.

La lección

*Es verdad que ninguna disciplina al presente parece ser
causa de gozo, sino de tristeza; pero después da fruto
apacible de justicia a los que en ella han sido ejercitados.*

HEBREOS 12:11

Estoy bastante segura que ocasionalmente tienes que
hacer todo lo posible para captar mi atención, Padre. Rara
vez pienso que mis problemas puedan en efecto venir
como Tu medio para corregirme cuando caigo en algún
gran error, porque Te conozco como un Padre amoroso.
Pero algunas veces, cuando los problemas se acumulan,
simplemente tengo que detenerme y pensar: ¿Acaso hice
algo que necesita corrección? Me tomo el tiempo para
confesar mis faltas y pedir Tu perdón, segura de que
perdonarás incluso mis pecados escondidos. Incluso si mi
oración no resuelve todos mis problemas, me trae de vuelta
a Ti, y tal vez esa era la lección que tenía que aprender en
primer lugar.

El niño desenfrenado

Si soportáis la disciplina, Dios os trata como a hijos;
porque ¿qué hijo es aquel a quien el padre no disciplina?
HEBREOS 12:7

Por lo menos hay uno en cada vecindario, el niño
desenfrenado que solo piensa en sí mismo y al que nunca
se le enseña que cierto comportamiento es inapropiado.
No le hago ningún favor a mi hija si la dejo pensar que el
mundo puede inclinarse a su voluntad. Bastante pronto el
mundo le enseñará que no a la mala, y yo quedaré para curar
las heridas. La vida tiene reglas, y tengo que enseñárselas a
mis hijos. Ayúdame a ver cuando mis hijos necesitan de
corrección suave y amorosa, y muéstrame el mejor enfoque
a tomar. Permíteme ser tan amable y paciente con mis hijos
como Tú lo eres conmigo, pero no me dejes caer en el error
de dejarlos volverse desenfrenados.

Aceptando la corrección

*He aquí, bienaventurado es el hombre a quien Dios
castiga; por tanto, no menosprecies la corrección del
Todopoderoso. Porque él es quien hace la llaga,
y él la vendará; él hiere, y sus manos curan.*

Job 5:17-18

Cuando debes corregirme, Padre, no soy feliz de
inmediato. Algunas veces lucho por soltarme e ir por mi
cuenta, especialmente cuando no reconozco que estoy
tratando con Tu corrección. Es más fácil culpar a alguien
más. Pero finalmente veo un patrón, o Tú abres mis ojos de
otras maneras, y dejo de huir de Ti, porque sé que no solo
corriges, sino también sanas. Tu corrección dura solo un
momento; Tus bendiciones son eternas. Cuando me doy
cuenta que Te preocupas tanto por mí y quieres ayudarme,
me lleno de gratitud y estoy dispuesta a ser guiada en la
dirección correcta.

La corrección del mundo

Porque esta leve tribulación momentánea
produce en nosotros un cada vez más
excelente y eterno peso de gloria.

2 Corintios 4:17

El mundo me "corrige" cada día, Padre, bastante a menudo injustamente y de ningún modo para mi beneficio. En ese momento, los golpes que sufro parecen ser más de lo que puedo soportar. Pero con Tu ayuda los soporto, y cuando los soporto por medio de la fe, mis acciones son ejemplos de Tu poder y Tu amor. Lo peor que el mundo puede hacer es matarme. No estoy exactamente ansiosa por ello, Padre, pero cuando llegue el momento, oro por poder soportar la muerte tan bien como soporto la vida, segura en Tu amor y mirando la salvación que Tú has prometido es mía. Hasta entonces, haré lo mejor que pueda por ser Tu testigo aquí en la tierra.

La fiesta

*Estando el corazón del rey alegre del vino, mandó
a... siete eunucos... que trajesen a la reina Vasti
a la presencia del rey con la corona regia, para
mostrar a los pueblos y a los príncipes su belleza.*

ESTER 1:10-11

Asuero había estado recibiendo invitados por 187
días, de los cuales los últimos siete habían sido una fiesta
espléndida. Casi todos estaban intoxicados cuando el rey
mandó a sus siete eunucos a traer a la reina Vasti ante los
príncipes y sus convidados a la fiesta para que pudieran
admirar su belleza. Para horror de todos, ella se negó
a aparecer. Que la hagan desfilar a una ante un grupo
de borrachos para su diversión no es algo que mujer
alguna disfrutaría. Todas las mujeres tienen sus principios;
ninguna merece ser tratada como una propiedad. Cuando
alguien me pide que rebaje mis principios para que él o
ella se sienta como de la realeza, recuérdame a Vasti y su
dignidad, Señor.

Desprecio e ira

Porque este hecho de la reina llegará a oídos de todas las mujeres, y ellas tendrán en poca estima a sus maridos.

ESTER 1:17

Los consejeros del rey vieron el peligro en el ejemplo de la reina Vasti. Si ella podía salirse con la suya siéndole desobediente al rey, su acto ciertamente afectaría a toda mujer en el reino. Tomaría tiempo para que el chisme se esparciera, el reino era vasto, pero a su tiempo, todas las esposas habrían escuchado la historia y mirarían a sus esposos con desdén e ira. Así dijeron los sabios. Sabemos, Padre, que semejantes conclusiones amplias son tontas. La mayoría de las mujeres tienen respeto por sus esposos, y el ejemplo de la reina solo sería un problema para los esposos duros y dominantes. Vivamos en amor y paz, sin temor a perder algo de "autoridad" que debe ganarse, no exigirse.

El exilio

Salga un decreto real de vuestra majestad...
que Vasti no venga más delante del rey Asuero;
y el rey haga reina a otra que sea mejor que ella.
ESTER 1:19

Debido a que Vasti se negó a que la hicieran desfilar como una mujer de mala reputación, fue aislada del rey, su estado real como reina le fue dado a otra mujer más respetuosa. La mayoría de las mujeres ha tenido una experiencia similar en sus vidas, Señor. No estamos de acuerdo con alguien más poderoso que nosotras en el trabajo y perdemos nuestro empleo. Nos negamos a abandonar nuestros principios y las invitaciones sociales ya no nos incluyen. No estamos de acuerdo con nuestros esposos y nos hacen el vacío por uno o dos días. Algunas veces tenemos que adoptar una postura, sin importar lo que suceda. Cuando vienen estos momentos, danos el carácter y la valentía de Vasti, Señor.

Afirmando la autoridad

Pues envió cartas a todas las provincias del rey,
a cada provincia conforme a su escritura...
que todo hombre afirmase su autoridad en su casa.

ESTER 1:22

Las acciones de Asuero probablemente empeoraron las cosas. Tan solo puedo ver la reacción de una pareja mientras leen esta noticia. La mujer se reiría de un rey cuyo orgullo estaba tan herido como para publicar semejante decreto. El hombre al principio se hincharía de rectitud, hasta que la realidad se declarara. Después de todo, no se puede legislar amor y respeto. Es tonto incluso intentarlo. Al plebeyo más humilde del reino le podía ir mejor que al rey cuando se trataba de la vida hogareña. La próxima vez que alguien exija mi respeto, recuérdame que tengo el derecho a mis propias opiniones y a mis propios principios. Cuando un esposo gobierna su casa, lo hace con el consentimiento amoroso de su esposa, no debido a alguna ley.

La evidencia

*Es, pues, la fe la certeza de lo que se espera,
la convicción de lo que no se ve.*

HEBREOS 11:1

Señor, los astrónomos han descubierto recientemente lunas y planetas distantes que no pueden ver ni siquiera a través de los telescopios más potentes. Al observar los efectos que estos cuerpos tienen sobre otros, cambios en la órbita, por ejemplo, saben que estos cuerpos distantes simplemente *deben* estar allí o no se percibirían sus efectos. Esta es "la convicción de lo que no se ve", tal vez incluso "la certeza de lo que se espera". Admito que no entiendo totalmente cómo los astrónomos lo hacen, pero lo encuentro consolador. Hay tanto que no entiendo acerca de Ti. Aun así, puedo ver los efectos de Tus acciones, la evidencia de que sigues activo en mi vida diaria y en las vidas de los demás. No necesito verte físicamente para creer. La evidencia de Ti está en todas partes.

Sin dudar

Pero pida con fe, no dudando nada; porque el que duda es semejante a la onda del mar, que es arrastrada por el viento y echada de una parte a otra.

He estado en mares tempestuosos, Señor. Sé lo que es estar a la merced de las olas, y no me gusta. Si toda mi vida fuera similar a la experiencia de ser arrastrada por el viento, no solo estaría con el ánimo por el suelo, sino que jamás iría a ninguna parte. Para mí, la fe es un barco muy grande con grandes motores y un capitán que sabe lo que está haciendo. La fe me mantiene en curso. Algunas veces dudo. No me gusta cómo se ven las olas delante de mí; temo que puede que estemos yendo en la dirección incorrecta. Pero tengo un capitán que jamás comete un error, y el barco que comanda es lo suficientemente grande y fuerte para resistir cualquier ola.

La gracia

Porque por gracia sois salvos por medio de la fe;
y esto no de vosotros, pues es don de Dios.

EFESIOS 2:8

Algunos días me pongo petulante. Mi fe me ha librado de un mal momento. ¿No es "mi" fe maravillosa? Debo ser muy buena para tener esta fe. Luego vuelvo a pisar tierra. El que yo sea buena no tiene nada que ver con que yo tenga fe. No puedo ganar la fe; solo puedo tomarla prestada. Mi fe es prestada y proviene de Ti. La tengo para cultivarla, hacerla crecer y disfrutarla, pero es Tu semilla, no la mía, y Tú me la das por amor, no como una recompensa por algo que haya hecho o no haya hecho en mi vida. Soy una pecadora, siempre lo seré, pero Tú me has salvado por medio de Tu regalo de la fe en Tu Hijo, Jesús, el Cristo.

Viviendo por fe

*Y lo que ahora vivo en la carne, lo vivo en la fe del Hijo
de Dios, el cual me amó y se entregó a sí mismo por mí.*

GÁLATAS 2:20

Señor, Tú sabes que soy una miserable pecadora indigna
de Tus bendiciones, ni qué decir de Tu salvación. Por mi
cuenta, soy un caso perdido. Llena de alegría, salto por
encima de un pecado y aterrizo justo en otro. Pero Tú me
amas, viniste al mundo a salvarme, y le ruegas a Tu Padre
para que perdone mis pecados y me acepte como una hija
amada. Si bien mi fe es pequeña e insignificante, la Tuya
es perfecta y poderosa. La vida que vivo en este momento
no es el resultado de mi fe en Ti, sino de Tu fe en mí.
Gracias por Tu sacrificio que me salva y me hace un ser
total. Sin Tu fe perfecta, estaría condenada.

Los hermanos y las hermanas

No aborrecerás a tu hermano en tu corazón.

LEVÍTICO 19:17

Nadie sufre mi falta de respeto más a menudo que algún miembro de mi familia inmediata, Señor. Conozco a mi hermana y a mi hermano demasiado bien. Es difícil sentirse cercana a la hermana mayor que me atormentó durante años y que nunca me permitía tomar prestada su buena ropa. Mi hermanito me espiaba en todas mis citas e informaba de todo lo que veía a nuestros padres. Incluso ahora que son adultos, son capaces de herirme más que nadie porque saben exactamente qué me saca de quicio. Sé que a nuestros padres les duele esta fricción entre nosotros, Señor, y Te pido que nos ayudes a que nos llevemos un poquito mejor. Enséñame a centrarme en los buenos momentos que tuvimos juntos, no en los malos, a absorber en silencio sus pequeños comentarios sarcásticos y a concentrarme en sus puntos buenos por la paz familiar.

Los hermanos

*Tomabas asiento, y hablabas contra tu hermano;
contra el hijo de tu madre ponías infamia.*

SALMO 50:20

Mi hermano es un blanco tan fácil, Señor. Puedo avergonzarlo en el momento que elija hacerlo. Conozco todas sus debilidades, sus secretitos, y seguro que lo que no sé lo puedo inventar y salirme con la mía. Puede que ya no se esconda debajo de su cama y llore durante las tormentas eléctricas, pero todavía no es el más valiente de la familia. Lo difamo, inventando memorias de la niñez que jamás existieron para que haya carcajadas a sus expensas. Ningún tribunal me encontraría inocente. Perdóname por tratar de este modo a un miembro de la familia a quien realmente amo. Muéstrame sus puntos buenos, por cuanto he pasado por alto u olvidado muchos de ellos. Por nuestros padres, por nosotros mismos, y por nuestros hijos, ayúdame a traer paz, perdón, y amor a nuestra familia.

Las hermanas

¿Y por qué miras la paja que está en el ojo de tu hermano,
y no echas de ver la viga que está en tu propio ojo?

MATEO 7:3

Mi hermana y yo hemos estado enfrentadas desde
el día que mis padres la trajeron a casa. Yo no pedí una
hermana; yo pedí una muñeca nueva. En vez de ello,
recibí una criaturita ruidosa y olorosa que ni siquiera sabía
hablar. Me castigaron cuando ella hizo algo malo. Cuando
ella me pegaba, no me dejaban devolverle el golpe. Ahora
somos adultas, y todavía estoy un poquito decepcionada
con ella. Al menos ahora me doy cuenta que tengo mis
propios problemas, y ella no los causó. Cuando la necesito,
ella está allí para ayudarme. Ayúdanos a vencer nuestro
infantilismo y a enfrentar la verdad de que nos amamos
la una a la otra. A ninguna se le debe echar la culpa de los
problemas de la niñez de la otra.

Justicia familiar

Pero tú, ¿por qué juzgas a tu hermano?
O tú también ¿por qué menosprecias a tu hermano?
Porque todos compareceremos ante el tribunal de Cristo.

ROMANOS 14:10

Entiendo que no me corresponde a mí juzgar a mi hermana o mi hermano, Señor. Cuando éramos niños, ese era el deber de nuestros padres, y ellos hicieron una labor justa con solo unos pocos malos veredictos. Mi hermano y mi hermana de sangre merecen la misma paciencia y amor que aquéllos en mi familia cristiana. Si puedo perdonar a alguien que no es mi pariente y que me ha herido, incluso puedo ser más indulgente dentro de mi familia. Si puedo hacer caridad con los extraños, tengo que ser al menos igual de generosa con aquéllos que son mis parientes. Dame Tu guía, Señor. Revela las necesidades de mi hermano y mi hermana, ya sean estas físicas, emocionales, o espirituales, e inclina mi corazón hacia ellas.

Los temores de la madre primeriza

Porque no nos ha dado Dios espíritu de cobardía,
sino de poder, de amor y de dominio propio.

2 Timoteo 1:7

Antes de que tuviera hijos, era joven e intrépida.
Tenía décadas de vida por delante y nadie de quién
preocuparme. Todo eso cambió cuando nació mi primer
bebé. Comencé a vivir una vida más segura. Ahora sí que
tenía cosas de qué preocuparme, responsabilidades que a
veces parecían ser dignas de temer. A medida que me hice
una madre experimentada, mis temores se fueron (aunque
la preocupación siempre se queda). Vi que podía mantener
a mis hijos razonablemente a salvo, que vivir en temor
era una terrible pérdida de tiempo, y que me habías dado
los poderes del amor y de una mente sana para guiarme.
Gracias por ayudarme a vencer mis temores de madre
primeriza, Señor. La vida es demasiado maravillosa para
no disfrutarla.

El agotamiento

Cuando te acuestes, no tendrás temor,
sino que te acostarás, y tu sueño será grato.

PROVERBIOS 3:24

En efecto, el sueño era algo grato cuando había un nuevo bebé en la casa, Señor. También era algo inexistente. Mi esposo y yo vivimos con fatiga durante tres meses, yendo a tropezones en el día y anhelando una buena noche de sueño. No solo era el llanto del bebé lo que nos mantenía despiertos, sino también la super vigilancia de los padres primerizos que nos llevaban al dormitorio del bebé cuando todo estaba demasiado silencioso. Mirando en retrospectiva esa época, puedo ver que esa fue Tu manera de ayudarnos a establecer lazos afectivos con nuestro bebé, el campamento de entrenamiento de reclutas para la paternidad y la maternidad. Gracias por enseñarnos que podíamos manejar la paternidad y la maternidad a pesar de nuestros temores y nuestro agotamiento. Gracias por esa primera noche de sueño total, el cual en efecto fue grato.

El exilio

Porque los ojos del Señor están sobre los justos,
y sus oídos atentos a sus oraciones; pero el rostro
del Señor está contra aquéllos que hacen el mal.

1 Pedro 3:12

No puedo imaginar cómo sería saber que Tu rostro está contra mí, Señor. Cuidarías de los justos, pero ni siquiera me verías alguna vez. Contestarías sus oraciones, pero elegirías ni siquiera escuchar las mías. No existiría para Ti. ¡Qué soledad! ¡Qué temor y qué desolación! Por supuesto que estoy agradecida por el amor y el cuidado que me muestras, pero lamento el sufrimiento de aquéllos de quienes Te has alejado. Si está en Tu voluntad, líbralos de sus malos caminos para que puedan volver a ser tocados por Tu amor, vuelvan a ser personas plenas, y regresen a la comunión con aquéllos que Te siguen.

El maligno

Por lo cual estoy seguro de que ni la muerte,
ni la vida, ni ángeles, ni principados, ni potestades,
ni lo presente, ni lo por venir, ni lo alto, ni lo profundo,
ni ninguna otra cosa creada nos podrá separar del amor
de Dios, que es en Cristo Jesús Señor nuestro.

ROMANOS 8:38-39

Sé que el principal objetivo del maligno es separarme de Ti, Padre, por cualquier medio posible, y hay muchos medios posibles que él puede usar. Tengo mucho que temer de él porque soy débil, y mi fe es imperfecta. Pero esta es una batalla que él nunca puede ganar. Nunca puede él hacer que dejes de amarme. Tú enviaste a Tu Hijo para salvarme y hacerme una persona plena, y el diablo no prevalecerá. Soy Tu hija adoptada por medio de Cristo. Soy Tu hija amada. Gracias, Padre.

La virtud del perdón

No juzguéis, y no seréis juzgados; no condenéis, y no seréis condenados; perdonad, y seréis perdonados.

Lucas 6:37

Señor, es tan fácil juzgar a los demás o condenarlos. Algunas veces incluso me hace sentir bien. "Ninguna mujer decente se vestiría así", digo, pero lo que quiero decir es: "Soy una mujer decente porque me visto apropiadamente". Cuando hago esto, estoy aplicando mis estándares personales, no los Tuyos. Me estoy elevando a mí misma, no a Ti. Cada vez que me involucro en algún juicio o condenación, enfrento el peligro de que mis propios estándares se usen en contra mía. Sin embargo, el perdón siempre es una virtud. Guárdame de la tentación de hacer juicios apresurados o de condenar a los demás, Señor. Ya tengo suficiente para preocuparme con mis propios pecados y rogar Tu perdón por ellos.

La oración que limpia

Y cuando estéis orando, perdonad, si tenéis algo contra
alguno, para que también vuestro Padre que está en
los cielos os perdone a vosotros vuestras ofensas.

MARCOS 11:25

Señor, explicaste bien claro que el perdón es una
preparación vital para la adoración. De hecho, debe venir
antes que mis otras oraciones, ya que el perdón de mis
pecados depende de mi perdón a los demás. Si voy a los
servicios de la iglesia sin haber perdonado, coloco un
control de carretera entre Tú y yo, y eso es lo último que
quiero hacer, ya que solo Tú puedes perdonarme. Perdonar
a aquéllos que me han hecho mal no es algo que disfrute,
pero simplemente es buena higiene, como lavarme las
manos antes de comer. Hazme recordar esto cada vez que
vaya a adorar, Señor. Dame la fuerza para perdonar a los
demás para que Tú perdones mis propias ofensas.

Mi guía

Porque si perdonáis a los hombres sus ofensas,
os perdonará también a vosotros vuestro Padre celestial.

MATEO 6:14

Necesito que se me perdone por mis pecados, Padre; son muchos, y me impiden tener comunión contigo. Pero me encuentro en un verdadero problema si tengo que perdonar a aquéllos que me han herido profundamente. Puedo decir las palabras: "Perdono a mi hermana por lo que dijo", pero en el fondo de mi mente escucho, *No, no puedo. No en realidad.* No quiero añadir la mentira a mis pecados, entonces, ¿qué puedo hacer? Necesito Tu ayuda, Padre. No puedo perdonar de verdad algunas malas acciones por mí misma, pero Tu fortaleza es suficiente. Muéstrame el camino al verdadero perdón. Sé mi guía a lo largo de este difícil camino que me lleva a mi propio perdón, el cual necesito muchísimo.

Pecadora en serie

Y si siete veces al día pecare contra ti, y siete veces al día
volviere a ti, diciendo: Me arrepiento; perdónale.

Lucas 17:4

Algunas personas son simplemente como niñitos que nunca parecen poder evitar ser traviesos, Señor. Le ponen una zancadilla a su hermano y se disculpan, luego corren a darle un puñetazo a su hermana, y dicen todo el tiempo: "Lo siento, mami. Lo siento". Yo no soy mucho mejor, Señor. Me sacudo un pecado, me arrepiento, y luego corro de frente hacia otro, y todo el tiempo reclamo: "Lo siento. Realmente lo siento". Y *lo* siento cada vez, al igual que mi hijo, y al igual que mi vecina. Mi única esperanza está en Ti, cuya paciencia es perfecta. Si Tú puedes perdonarme, seguramente yo puedo perdonar a mi hijo o a mi vecina, sin importar cuántas veces se tenga que perdonar. Gracias, Señor.

La paciencia

Yo soy la vid, vosotros los pámpanos; el que permanece en mí, y yo en él, este lleva mucho fruto; porque separados de mí nada podéis hacer.

JUAN 15:5

Para que un árbol frutal crezca, se requiere de años de paciencia para permitir que las raíces lleguen al suelo y se establezcan. Luego la viña se fortalece, y las ramas están listas para llevar fruto. Debo permitirme el tiempo para echar raíces en Ti, Señor, antes de ver el fruto de Tu amor. El día en que me hice cristiana pensé que todo cambiaría de inmediato, pero el mundo seguía siendo el mismo al día siguiente, lo mismo que yo. No sabía que mis raíces estaban creciendo en silencio y que tomaría años antes que yo llegara a ser una cristiana madura y fructífera. Gracias por la paciencia que invertiste en mí, Señor.

Un lugar lindo y soleado

*Será como árbol plantado junto a corrientes
de aguas, que da su fruto en su tiempo, y su
hoja no cae; y todo lo que hace, prosperará.*

Salmo 1:3

Si yo fuera un árbol frutal, me gustaría que me plantaran en algún lugar lindo y soleado junto a algún río. Eso satisfaría mis necesidades más apremiantes, luz solar y agua. A otros árboles plantados en la sombra o en algún campo seco les sería más difícil, y sus frutos no serían tan buenos como los míos. El lugar donde se nos planta marca una gran diferencia. Yo estoy plantada en Ti, Señor. Me ocuparé de mantener mis raíces fuertes en Ti. Tendré paciencia, sabiendo que mi tiempo llega según Tu tiempo, y confiando que con Tu ayuda, todo fruto que produzca será bueno.

Llevando fruto

*En esto es glorificado mi Padre, en que
llevéis mucho fruto, y seáis así mis discípulos.*

JUAN 15:8

Cuando fui llamada a ser Tu discípula, Señor, mi
primer pensamiento fue para mi propia salvación. Un
gran peso me había sido quitado de los hombros; me
prometiste muchas cosas que quería y necesitaba. Todo
lo que tenía que hacer era aceptar lo que me ofrecías. Fui
bastante egoísta en cuanto a mi salvación. Finalmente
me di cuenta que mi alma tenía otro propósito: glorificar
al Padre que me había aceptado debido a Tu sacrificio.
Cualquiera que sea el fruto que mi vida habría de llevar,
este sería un cántico de alabanza. Mantenme consciente de
esta responsabilidad a lo largo de mi vida, Señor. Todo lo
que soy y lo que hago debe señalarle el camino a los demás
para que ellos también puedan disfrutar de los beneficios
de la salvación y unir sus voces en alabanza a Tu Padre en
el cielo.

Cantando sin palabras

*Llenos de frutos de justicia que son por medio de
Jesucristo, para gloria y alabanza de Dios.*

FILIPENSES 1:11

Cuando niña, nunca levantaba mi mano en la escuela
a menos que era obvio que nadie más quería contestar.
Entonces levantaba mi mano para hacer sentir mejor a
mi maestra. La idea de hablar en público me enferma
físicamente. Aun ahora, no puedo dar testimonio más de
lo que puedo volar. Pero Tú me mostraste otras maneras
de dar testimonio y de dar alabanza y gloria a Dios.
Cuando ayudo a alguna vecina que está en problemas, soy
Tu testigo. Cuando le cuento a algún niño acerca de Ti,
estoy llevando buen fruto. Lo mismo es cierto cuando le
sonrío a alguna camarera o le agradezco a mi doctor por
su buena atención. Gracias por enseñarme esto, Señor.
Me has mostrado cómo cantar sin palabras y cómo servir
sin aviso.

Eternamente útil

Toda la Escritura es inspirada por Dios,
y útil para enseñar, para redargüir,
para corregir, para instruir en justicia.

2 Timoteo 3:16

Tu Palabra nos fue dada hace miles de años, en una época diferente y a personas diferentes, pero continúa siendo tan útil para nosotras como nunca antes. Cuando les diste Tu Palabra a los autores por medio de la inspiración, nos diste un libro que permanecería por siempre porque trata con el corazón humano, no con una época y un lugar específicos. Tú querías que la Palabra fuera eternamente útil para todas las naciones, para todas las lenguas, para todas las civilizaciones. Admito que hay algunas partes de la Biblia que me desconciertan, Padre. Mi comprensión es débil. Pero cuando estoy en necesidad de guía, el primer lugar a donde recurro es la Biblia. Cualquier respuesta que necesite se encuentra allí si la busco diligentemente.

Encontrando la costa

Lámpara es a mis pies tu palabra,
y lumbrera a mi camino.

SALMO 119:105

Si hay algo que necesito es una guía digna de confianza, Señor. Hay muchos consejos a mi disposición en estos tiempos modernos. La Internet está llena de ellos, algunos buenos, otros malos. Si prefiero la impresión, miles de libros se publican cada año sobre religión y ética. Incluso la televisión ofrece todo tipo de consejos para todo tipo de problemas, ya sea que me los tome a pecho o no. Si tomo en serio todos los consejos que escucho, sería llevada como una ola de un lugar a otro sin encontrar la costa jamás. Solo hay una manera de alcanzar el camino a la playa: confiando en Tu Palabra. Ya sea en la oscuridad o en la luz, en días buenos o malos, puedo confiar en que la luz de Tu Palabra me traerá a salvo a casa.

Alimento para bebé

Desead, como niños recién nacidos, la leche espiritual no adulterada, para que por ella crezcáis para salvación.

1 Pedro 2:2

Cuando era un bebé, trataba de comer todo lo que pudiera sostener en la mano, fuera esto bueno para mí o no. Cuando me hice cristiana, hice lo mismo. Estaba en la iglesia varios días de la semana. Leía libros de teología que no podía entender. Pasaba horas deliberando acerca de la fe con otros estudiantes. Casi me enfermo. Estaba tratando de comer la carne de la fe con dientes de bebé. Afortunadamente, un pastor amable me dio una Biblia y me dijo: "Lee esto hasta que crezcas un poquito. Ahora no eres más que una bebé cristiana". Necesitaba leche, no carne, y Tu Biblia me alimentó completamente. Incluso ahora, cuando puedo digerir todo mejor, Tu Palabra sigue siendo el mejor alimento para mí.

La guía

*Pero sed hacedores de la palabra, y no tan solamente
oidores... mas el que mira atentamente en la perfecta ley,
la de la libertad, y persevera en ella, no siendo
oidor olvidadizo, sino hacedor de la obra, este
será bienaventurado en lo que hace.*

SANTIAGO 1:22, 25

La guía es útil solo cuando la escuchamos y actuamos en
base a ella. Un viajero tonto es aquél que pide direcciones
y luego se dirige en la dirección equivocada. ¿Por qué
molestarse en preguntar si no va a escuchar? ¿O para
qué escuchar si no se tiene intenciones de obedecer? Tu
Palabra es mi guía, Señor, y Te agradezco por ella, pero
algunas veces me olvido de actuar en base a lo que Tú me
enseñas. ¿Para qué leer acerca de la hermandad y luego
salir a difamar a mi hermana? ¿Para qué estudiar acerca
del perdón si quiero mantenerme aferrada a mis rencores?
Muéstrame mis errores y enséñame la manera apropiada de
seguir el consejo.

El trabajo

Sale el hombre a su labor,
y a su labranza hasta la tarde.

SALMO 104:23

La supervivencia exige que trabajemos, Padre, y nuestras esperanzas de educar a nuestros hijos o de ahorrar algo para nuestros años de vejez significan que muchas mujeres ya no pueden quedarse en casa cuando sus esposos salen a trabajar. Esto nos deja a muchas de nosotras sintiéndonos en conflicto y culpables porque nuestras madres siempre estaban en casa cuando salíamos de la escuela. Aun así, si quiero enviar a mis hijos a la universidad, el trabajo debe ser parte de mi vida. Necesito un ajuste de actitud que solo puede venir de Ti. Oro para que me permitas ser una trabajadora alegre. Resuelve mis sentimientos en conflicto. Quita la culpa que a menudo viene con la necesidad de atender a los hijos. Dame Tu paz y una comprensión de que todas las cosas obran para bien cuando sigo Tu voluntad.

Colaboradores de Dios

Porque nosotros somos colaboradores de Dios,
y vosotros sois labranza de Dios, edificio de Dios.

1 Corintios 3:9

Lo mejor acerca del trabajo es saber que no estoy
trabajando sola. Puede que yo plante las semillas, pero
Tú las riegas. Puede que esté sacando la mala hierba,
pero Tú envías el sol. Todo lo que soy y todo lo que hago
es contigo, Aquél que me creó y me confirió como dones
cualesquiera que sean las habilidades que tenga. Tú me
das mi trabajo, cualquiera que este pueda ser, mi dignidad
y mi propósito. Tu fe en mí me habilita para continuar
con mis deberes en esos días en los que de otro modo me
desesperaría. Al final del día, puede que mis pies me estén
matando, pero sé que estoy caminando en Tus pasos, y eso
me da paz. Te agradezco por el trabajo que tengo. Que lo
haga de manera tal que Te agrade y refleje Tu gloria.

Trabajando para la gloria de Dios

La obra de cada uno se hará manifiesta...
y la obra de cada uno cuál sea, el fuego la probará.

1 Corintios 3:13

Al final, Padre, Tú serás el juez de toda mi vida de trabajo, y sé que a Ti no Te importa si trabajo detrás de una caja registradora o de un escritorio de roble con un teléfono de cinco líneas. No es lo que haga lo que importa, sino cómo lo haga. ¿Soy una trabajadora alegre? ¿Soy una trabajadora honesta? ¿Soy una trabajadora cuyo amor por Ti es evidente en lo que digo y cómo trato a mis compañeros de trabajo? ¿Me preocupo más por mis hermanos y hermanas que por mi próximo cheque del sueldo? Soy Tu embajadora, Señor, y cada día trato de mostrar Tu amor hacia aquéllos que no Te conocen. Oro para que cuando llegue el momento, me encuentres digna.

La victoria

Así que, hermanos míos amados, estad firmes y constantes, creciendo en la obra del Señor siempre, sabiendo que vuestro trabajo en el Señor no es en vano.

1 Corintios 15:58

En mi trabajo diario rara vez experimento la victoria. Arreglo un lío y voy al siguiente, sabiendo que líos aún mayores me esperan a la vuelta de la esquina. Parece que en realidad jamás avanzo en cuanto a ganar alguna batalla o ver algo verdaderamente culminado. Hay unas cuantas preciosas victorias en mi trabajo. Pero Tú me alientas a seguir adelante en ello y a continuar trabajando para Ti, porque ya has ganado la victoria en la más importante de todas las batallas, la batalla por mi alma. Mis problemas diarios van y vienen; sin embargo, si me mantengo firme y dedicada, haciendo el trabajo que me has dado a hacer, tengo la confianza en que mi recompensa me está esperando. Gracias, Señor.

La fidelidad

El corazón de su marido está en ella confiado...
le da ella bien y no mal todos los días de su vida.

PROVERBIOS 31:11-12

Padre, por medio de su madre, le diste al rey Lemuel un buen consejo en cuanto a cómo gobernar su reino y cómo encontrar una buena esposa. Ante todo, le dijo ella, una buena esposa es alguien en quien se puede confiar. Su esposo jamás tiene que preocuparse por las intenciones o las acciones de ella, porque ella siempre será fiel y considerada. El cuidado de su familia es algo primordial para ella; ella ayuda a proveer para las necesidades de esta por medio del trabajo de sus manos. Sus prioridades están siempre en orden. Ayúdame a vivir de tal manera que mi familia me encuentre digna de confianza, Padre. Dame fidelidad en todas las cosas, tanto las grandes como las pequeñas, para que pueda ser un ejemplo a mis hijos y una bendición a mi esposo.

Fortaleza e iniciativa

Hace telas, y vende, y da cintas al mercader. Considera los caminos de su casa, y no come el pan de balde.

PROVERBIOS 31:24, 27

El trabajo de la buena esposa de hacer telas es de tal calidad que le queda dinero extra cuando satisface las necesidades de su familia, así que vende su excedente en telas. Sin embargo, ella no derrocha sus ganancias, las ahorra hasta que encuentra una buena inversión. Esto significa aún más trabajo duro para ella, pero ella es fuerte y está dispuesta a asumir la responsabilidad, al tener dos empleos a tiempo completo mientras que sigue cuidando de su familia. Si bien no puedo acercarme a su perfección, sin embargo, con Tu ayuda puedo aprender a manejar las finanzas de nuestra familia tan cuidadosamente como ella lo hace. Oro para que me muestres cómo ser una mujer fuerte y amorosa.

Las recompensas del trabajo duro

*Fuerza y honor son su vestidura; y se ríe
de lo por venir. Abre su boca con sabiduría,
y la ley de clemencia está en su lengua.*

PROVERBIOS 31:25-26

La buena esposa trae honra a su esposo y a sus hijos.
Busca y provee para los pobres; todo lo que dice es sabio
y amable. Justo ahora, su trabajo parece duro e incesante,
pero con el tiempo ella podrá regocijarse, porque les habrá
enseñado a sus hijos cómo vivir, cómo trabajar, y cómo
prosperar. Las buenas obras que ella ha hecho se harán
conocidas a todos, y ella servirá como el modelo de una
mujer virtuosa. Cuando envejezca, Señor, que también vea
los frutos de mi labor y me regocije, sabiendo que todos
mis esfuerzos bien valieron el tiempo y la energía que
invertí en ellos.

La llaman bienaventurada

Se levantan sus hijos y la llaman bienaventurada;
y su marido también la alaba.

PROVERBIOS 31:28

¿Qué más podría querer una esposa y una madre? Los hijos de la buena esposa han visto su duro trabajo durante toda su niñez y saben cuán bendecidos son de tenerla como su madre. A través de su ejemplo, ella les enseñó cómo vivir una vida buena y productiva que sea fructífera y segura. Debido a su cuidado, a nadie en su familia le ha faltado jamás algo. Su esposo, quien confió en ella totalmente durante todos esos años, sabe que puso su confianza en un buen lugar y no duda en alabarla públicamente delante de los ancianos de la ciudad, quienes también han visto su vida y saben que el gozo de su esposo está bien fundado. Desearía ser la mitad de competente que esta mujer, Señor, y seguiré su buen ejemplo para ayudar a mi familia a prosperar, al igual que la de ella.

Más allá de todo consuelo

Y se levantaron todos sus hijos y todas sus hijas para consolarlo; mas él no quiso recibir consuelo, y dijo: Descenderé enlutado a mi hijo hasta el Seol.

GÉNESIS 37:35

Jacob se negó a ser consolado cuando creyó que José estaba muerto. Nada en el mundo tenía significado para él, ni sus muchos otros hijos, ni sus riquezas, incluso su Dios palidecía ante su dolor. Él se encontraba más allá de todo consuelo. Con el tiempo, todos descenderemos a este agujero negro en nuestras vidas que convierte nuestro mundo en cenizas, un lugar que todas las mujeres conocemos demasiado bien. Cuando el dolor venga a mí, Padre, sé que Tú entenderás si me alejo de todos por algún tiempo. Sé esto porque Tú sufriste del mismo modo con la muerte de Tu Hijo. A su debido tiempo, regresaré a la vid, pero por algún tiempo estaré más allá de todo consuelo.

Los tiempos

~~~

Todo tiene su tiempo, y todo lo que se quiere debajo
del cielo... tiempo de llorar, y tiempo de reír;
tiempo de endechar, y tiempo de bailar.

ECLESIASTÉS 3:1, 4

De muchas maneras, el dolor es como una estación.
Pasa por etapas, cada una con sus características
especiales. Algunas de estas características son atroces,
Señor; otras son de consuelo. Pero como los tiempos, el
dolor finalmente da lugar al pesar, a la aceptación, a la
comprensión, incluso al gozo por el tiempo que pasamos
con la persona que perdimos. Una mujer sabia siempre
está preparada para el dolor, porque nos llega a todos. Una
mujer sabia también sabe que el dolor pasa con el tiempo.
Sé conmigo cuando me llegue el momento de sufrir, Señor.
Sostenme con Tus poderosos brazos hasta que pueda
sostenerme por mí misma una vez más. Apresura el paso de
mi tiempo de dolor.

El consuelo

Bienaventurados los que lloran,
porque ellos recibirán consolación.

MATEO 5:4

Puede que al principio nos neguemos a ser consolados, pero con el tiempo vemos que no es vergonzoso dejar que los demás lloren con nosotros. Nadie sabe qué decirle a alguien que está llorando, pero en realidad las palabras no son necesarias. Cuando una amiga mía pierda a un ser amado, dame la guía en cuanto a cómo puedo ayudarla mejor. Tal vez pueda ver a los niños para darle a ella un tiempo de privacidad. Tal vez ayudaría que enviara a uno de mis hijos para que corte el césped. ¿Querría ella que mi esposo la ayudara a encontrar los documentos que necesita o que le diera algún consejo financiero? Las comidas congeladas hechas en casa para unos cuantos días siempre son bienvenidas. No quiero entrometerme o parecer dominante, así que dame el tacto y la capacidad para ver lo que se necesita y cómo puedo ser de ayuda de la mejor manera.

La sanidad

Alabad a Jah... Él sana a los quebrantados
de corazón, y venda sus heridas.

Salmo 147:1, 3

En unos cuantos meses, Tu sanidad comenzará a ser obvia, Señor. Mi amiga habrá terminado con la mayor parte de las tareas necesarias que la muerte conlleva. Ella volverá al trabajo y comenzará a aparecer en la iglesia y en los eventos de la comunidad. Sus hijos se ajustarán bien. Aunque parezca que ella está volviendo a la normalidad, debo recordar que mi amiga sigue sufriendo mucho. Este es un tiempo cuando debo escuchar cuidadosamente, Señor. Si ella necesita a alguien con quien tratar planes futuros, ponme a su disposición. Si necesita ayuda experta, permíteme ayudarla a encontrar buenos asesores. Por encima de todo, dale a ella Tu guía y apoyo cuando tome decisiones importantes en cuanto a rehacer su vida.

Perdiéndome

*Te haré entender, y te enseñaré el camino
en que debes andar; sobre ti fijaré mis ojos.*

SALMO 32:8

Me pierdo fácilmente, Señor. Mi sentido de
orientación es terrible, y los mapas simplemente me
confunden. El día antes de ir a alguna cita importante,
salgo para ver si las vías que conozco me llevarán a donde
quiero ir, lo cual generalmente significa que me pierdo
dos días seguidos. Ciertamente necesito de Tu guía en la
carretera. Por supuesto que también la necesito en asuntos
más importantes. Gracias por Tu promesa de guiarme en
todas las cosas, grandes y pequeñas. Tus ojos siempre están
observándome, guardándome del error y garantizando
que siempre pueda encontrar mi camino de vuelta a casa,
donde Ti, sin importar cuán a menudo me salgo del
camino correcto o enfrente desvíos y callejones sin salida.

La planificación

El corazón del hombre piensa su camino;
más Jehová endereza sus pasos.

PROVERBIOS 16:9

He hecho muchos planes en mi vida, Padre, algunos de ellos han sido tan solo ilusiones, otros han sido muy concretos y detallados. Todos fueron muy buena disciplina mental, pero no todos resultaron de la manera que pensé que resultarían. Algunos de estos planes no me convenían en absoluto; otros me demandarían dos vidas para poder culminarlos. Aún así, es bueno tener alguna idea de hacia dónde quiero ir y de lo que necesitaré para el camino. Aunque no todos mis planes están dentro de Tu voluntad, incluso aquéllos que me parecen ser buenas ideas. Cuando no sea así, muéstrame una mejor idea, y Te agradezco por Tu guía. Mantenme en el camino correcto cuando mis propios planes son imperfectos, porque solo Tú sabes dónde necesitas que esté hoy y mañana.

Sostén mi mano

Con todo, yo siempre estuve contigo; me tomaste de la mano derecha. Me has guiado según tu consejo, y después me recibirás en gloria.

Salmo 73:23-24

A menudo soy como una niñita en una gran juguetería, corriendo de pasillo en pasillo y pidiendo todo lo que se ve bien. Algunas veces concedes mis deseos; otras veces dices que no. Como un padre amoroso, me sostienes de la mano para que no me pierda en la tienda, así como mi madre siempre lo hacía. Al igual que mi madre, me haces notar cuando mis deseos son malos o demasiado costosos para mi alma. Admito que de vez en cuando me da una rabieta, cuestionando Tu guía y queriendo salirme con la mía, pero nunca Te has equivocado. Gracias por Tu amor y Tu paciencia, por cuanto siempre necesitaré de Tu guía.

El camino

Entonces tus oídos oirán a tus espaldas palabra que diga:
Este es el camino, andad por él; y no echéis a la mano
derecha, ni tampoco torzáis a la mano izquierda.

Isaías 30:21

Si la vida es como un camino en el bosque, siempre
me estoy metiendo en problemas a lo largo de este. El
bosque es profundo y tenebroso, y me distraigo fácilmente.
Me desvío a la izquierda para encontrar un manantial
escondido, el cual escucho borbotear, solo para perder
el sendero. Sigo las huellas de un venado hasta el ocaso y
apenas si encuentro refugio antes de que caiga la oscuridad
de la noche. Cometo los mismos errores en el sendero de
la vida, perdiendo de vista el rastro y clamando a Ti para
que me encuentres antes de que sea demasiado tarde y me
pierda para siempre. Gracias por encontrarme, Señor,
por poner mis pies de vuelta en el sendero y por llevarme
a casa.

Falta de valía

Si confesamos nuestros pecados, él es fiel
y justo para perdonar nuestros pecados,
y limpiarnos de toda maldad.

1 Juan 1:9

En mis peores días me siento totalmente indigna. Junto mi pequeño montón de pecados como ropa sucia y los agito al cielo. "¿Cómo podrías perdonar este pecado?" pregunto, repitiendo el proceso hasta que haya expuesto todos mis pecados. En mis mejores días confieso mis pecados calmadamente (exactamente los mismos pecados que tenía el día anterior), acepto Tu perdón, y sigo con mi vida sin sentir culpa. Sin embargo, sospecho que ambas reacciones a la culpa son aceptables. La confesión es confesión sin importar cómo la exprese. Tú has prometido limpiarme de toda maldad, quitar mi culpa y hacerme una persona plena si confieso mis pecados, y Te agradezco tanto por mis días buenos como por mis días malos.

La papelera vacía

Cuanto está lejos el oriente del occidente,
hizo alejar de nosotros nuestras rebeliones.

SALMO 103:12

Es bueno saber que no guardas un "archivo permanente"
con mi nombre en él. Ocuparía mucho espacio. Como
un buen empresario, solo manejas un documento a la vez:
lo lees, actúas en base a él, y lo tiras. O en términos más
bíblicos, escuchas mi confesión, me perdonas, y luego
quitas mis pecados para siempre. Los tiras en una papelera
al otro extremo del mundo y quemas el contenido de esta
cada noche. Seguro que mañana regreso con otra carta.
Gracias por lidiar con mis pecados a fondo, Señor,
por concederme un nuevo comienzo cada día y por
proclamar que si bien vale la pena salvarme a mí, no vale
la pena salvar mis pecados confesados.

Mi corazón que se reprende a sí mismo

Pues si nuestro corazón nos reprende, mayor que nuestro corazón es Dios, y él sabe todas las cosas.

1 JUAN 3:20

¿La culpa? La conozco bien. Vive en mi corazón y trata de convencerme que nunca podrías amarme tanto como amas a personas que son mucho mejores que yo. Mi corazón me dice que apenas si tengo una nota aprobatoria, debo olvidarme del cuadro de honor. Yo no alabaré en el cielo; probablemente estaré lustrando la plata y el oro todo el día. Pero Tú eres más grande que mi corazón, Padre, y no Te engañas cuando mi corazón está equivocado. Tú sabes todo lo que fue y todo lo que todavía queda por venir. Tú perdonas mis pecados y me haces mucho mejor de lo que mi corazón que se reprende a sí mismo cree que soy. Libérame de mi culpa inútil. Sería un honor para mí lustrar Tu plata por toda la eternidad.

Un nuevo día

De modo que si alguno está en Cristo,
nueva criatura es; las cosas viejas pasaron;
he aquí todas son hechas nuevas.

2 Corintios 5:17

Cada día logro volver a comenzar, fresca y limpia, porque soy una nueva persona luego de haber confesado mis pecados y de haber recibido Tu perdón. Ayer fui egoísta; hoy puedo ser desinteresada. Ayer estaba llena de engaño; hoy puedo ser honesta. Puede que vuelva a caer en mis viejos pecados de vez en cuando, pero mañana será siempre un nuevo comienzo, y lo aprenderé, aunque lentamente. Tengo toda una vida de días nuevos que gastar de la manera que elija, y Te agradezco por ello, porque una que otra vez tengo que hacerlo mal. Cuando eso sucede, Tú limpias la pizarra con el alba y me alientas a intentarlo de nuevo. Gracias por Tu inagotable perdón.

La enfermedad más peligrosa

Mas él herido fue por nuestras rebeliones, molido por nuestros pecados; el castigo de nuestra paz fue sobre él, y por su llaga fuimos nosotros curados.

ISAÍAS 53:5

Puedo curar algunas de mis enfermedades por mí misma o con la ayuda de mi doctor. El tiempo curará (o no) algunas de ellas. Estas son enfermedades físicas, rara vez graves, pero siempre alarmantes. A Ti Te preocupan estas enfermedades y me das ayudas tales como la oración, pero Tu verdadera preocupación es la salud de mi alma, la cual en efecto estaba en peligro hasta que enviaste a Tu Hijo para que sufriera en mi lugar y me salvara de mis pecados. Una vez que fui liberada de mis pecados por Su sacrificio de expiación, todas las cosas se hicieron posibles para mí por medio de la fe, incluyendo la sanidad de mi cuerpo. Gracias, Padre, por enviar a Tu Hijo cuando yo era tan indigna.

Guerreras de oración

Confesaos vuestras ofensas unos a otros,
y orad unos por otros, para que seáis sanados.
La oración eficaz del justo puede mucho.

SANTIAGO 5:16

Hay guerreros de oración por todo el mundo, la mayoría de ellos mujeres, quienes oran a diario por la salud de todos los que sufren o que están en necesidad, ya sea que los conozcan en persona o no. Hacen su trabajo absolutamente en silencio, algunas veces de manera grupal, a menudo, de manera individual. Si he confesado mis pecados y he sido perdonada, en algún lugar, alguien estará orando por mí, incluso de una manera general. Ni siquiera sé si estoy en sus oraciones y puede que nunca sospeche que mi sanidad vino por medio de estos guerreros. Bendice a estas personas de oración y generosas, Señor. Recompénsalas por sus esfuerzos a favor de todos los creyentes que están enfermos, y asegúrales que sus esfuerzos no son en vano.

Creer

¿Creéis que puedo hacer esto? Ellos dijeron: Sí, Señor.
Entonces les tocó los ojos, diciendo: Conforme a vuestra
fe os sea hecho. Y los ojos de ellos fueron abiertos.

MATEO 9:28-30

P uede que ore día y noche por sanidad, pero sin creer
en Aquél a quien le estoy orando, mis palabras son en vano.
"Conforme a vuestra fe os sea hecho" es una gran promesa.
También es una condición para la sanidad. Algunas veces
olvido esto, Padre. Lanzo oración tras oración, tan solo
por si acaso: por si acaso estés escuchando, por si acaso
nada más funcione; por si acaso puedas realmente hacer
esto. En un día común y corriente, creo que Tú puedes
sanarme, pero la enfermedad me atemoriza, y comienzo
a matizar cada oración con puntualizaciones. Oro para
que perdones mis titubeos. Fortalece mi fe y hazme una
persona plena una vez más.

El sacrificio

*Pues para que sepas que el Hijo del Hombre tiene
potestad en la tierra para perdonar pecados...
Levántate, toma tu cama, y vete a tu casa.
Entonces él se levantó y se fue a su casa.*

MATEO 9:6-7

Queda absolutamente fuera de toda duda que Tu
Hijo tenía una fe total en Ti, Padre. Le diste el poder para
perdonar pecados y para sanar, y Él no dudó en demostrar
Tu gloria por medio de Su sanidad. Debió haber sabido
que Sus milagros lo llevarían al sufrimiento y a la muerte.
Siendo verdaderamente humano, debió haber sentido algo
de temor por lo que había de venir, y sin embargo, Él sanó
para mostrarnos que Tú le habías dado el poder para
perdonar pecados, que todos podían ser salvos por medio
de la fe, aun cuando sabía que cada sanidad lo acercaba
más a la muerte. Gracias, Señor, por Tu gran sacrificio.

La angustia

※

¿Por qué te abates, oh alma mía, y por qué te turbas
dentro de mí? Espera en Dios; porque aún he de
alabarle, salvación mía y Dios mío.

Salmo 42:11

Los doctores la llaman angustia generalizada, ese molesto
sentimiento de que algo está mal pero que no se puede
definir. Muchas mujeres conocen este sentimiento. Parece
que es nuestro trabajo preocuparnos por los demás y ver
peligros que los demás jamás vislumbran. Pero Tú no me
creaste para que viva con temor, sino con esperanza. Es Tu
gozo cuidar de mí. ¿Quién podría hacerlo mejor? Estás con
mi esposo en el largo recorrido en automóvil al trabajo.
Tomas a mi hijo de la mano en el cruce peatonal. No soy
responsable de todos y de todo, Tú lo eres, y sé que eres
digno de confianza. Ayúdame a confiar en Ti y a confiar en
Tu protección.

Los peligros reales

Por tanto, ceñid los lomos de vuestro entendimiento,
sed sobrios, y esperad por completo en la gracia que
se os traerá cuando Jesucristo sea manifestado.

1 PEDRO 1:13

Algunas veces el peligro es demasiado real. Un hijo se enferma peligrosamente, un pariente tiene un derrame cerebral, o alguien a quien amamos tiene un accidente. Todos reaccionamos de manera diferente ante tales desastres, pero finalmente todos nos venimos abajo. Incluso aquéllos que parecen fuertes como una roca tiemblan por dentro. De alguna manera nos las arreglamos para lidiar con el problema, para mantenernos de una pieza y hacer lo que se tiene que hacer a pesar de nuestro temor y nuestro dolor. Vivimos con esperanza: primero con la esperanza de una cura, y luego, si eso falla, con la esperanza de la salvación. Cuando parezca que se ha perdido toda esperanza, Señor, sé con aquellos que sufren. Ayúdalos a que nunca abandonen la esperanza, por cuanto contigo todas las cosas son posibles.

Muriendo con esperanza

Por su maldad será lanzado el impío;
mas el justo en su muerte tiene esperanza.
PROVERBIOS 14:32

La vida que hemos vivido puede ser un gran consuelo
para aquellos que amamos cuando nos llega la hora de
morir. Han disfrutado de nuestro amor; han sido testigos
de nuestras buenas acciones y han visto la evidencia de
nuestra fe. Están seguros en el conocimiento de que
estamos contigo, aun cuando están llorando. No temen
por nuestra alma, y eso quita un gran peso de sus mentes.
Aun en la muerte los consolamos. Enséñame a vivir este
tipo de vida, Señor. Permíteme dejar en paz, y no en
temor, a aquellos que amo. Como hija, esposa, y madre,
ha sido un placer para mí aliviar las cargas de aquellos a
quienes amo, y me gustaría hacerlo una última vez viviendo
y muriendo con esperanza.

La valentía

*Esforzaos todos vosotros los que esperáis
en Jehová, y tome aliento vuestro corazón.*

SALMO 31:24

No soy por naturaleza una mujer valiente, Señor. Las autopistas me ponen nerviosa, pero me llevan más rápido a mi destino que las carreteras secundarias. Temo ir a la dentista, aunque ella nunca me ha hecho sufrir. Levando a mi nieto pequeño cuando un gran perro se le acerca, aun cuando el perro le mueve la cola feliz. "Te preocupas demasiado" me dicen mis hijos, y tienen razón. Nada de esto es Tu culpa, Señor. Ni siquiera creo que sea mi culpa. Simplemente es la manera como soy. Dame la valentía que necesito para controlar mis temores, Señor. Sé que me amas y que cuidas de aquellos a quienes amo mucho mejor de lo que yo podría hacerlo. Fortalece mi corazón.

Un sitio a la mesa

*Hospedaos los unos a los
otros sin murmuraciones.*

1 PEDRO 4:9

La hospitalidad involucra un esfuerzo, sea esta una cena para doce, o agregar otra papa en el guiso para un niño que no quiere comer en su casa esa noche. La hospitalidad significa saludar a los recién llegados después de los servicios en la iglesia, tal vez dándoles el nombre de una buena niñera o de una buena pizzería. Significa ir al recital de piano de mi hijo y aplaudir a cada niño, no solo al mío. Es hacer pequeños actos de amabilidad con alegría, Señor. Tú me recibiste en Tu familia con amor y aceptación. No era digna de Tu hospitalidad, pero encontraste un sitio para mí a la mesa y me alimentaste con Tu Palabra. Ayúdame a ser tan amable con los demás como Tú lo has sido conmigo, recibiendo con alegría a todo aquél que desee cenar conmigo esta noche.

¿Qué puedo hacer?

Y si un hermano o una hermana están desnudos, y tienen necesidad del mantenimiento de cada día, y alguno de vosotros les dice: Id en paz, calentaos y saciaos, pero no les dais las cosas que son necesarias para el cuerpo, ¿de qué aprovecha?

Santiago 2:15-16

Las palabras amables son buenas, pero tienen que tener el apoyo de acciones amables. Ninguno de mis buenos deseos ni mi preocupación alimentarán a un niño hambriento o le conseguirán empleo a su padre. La hospitalidad siempre involucra *hacer* algo. Puede ser algo tan sencillo como presentar a una persona a alguna agencia que la ayude, o a algún vendedor-comprador de autos usados en quien puedan confiar. Si conozco las necesidades de alguna persona, puedo encontrar una manera de ayudarla. Señor, sé que no puedo resolver los problemas de todos. Hazme consciente de lo que puedo hacer y dame la disposición a dedicar el tiempo necesario para aliviar la carga de otra persona.

Amabilidad no recompensada

*De cierto os digo que en cuanto lo hicisteis a uno
de estos mis hermanos más pequeños, a mí lo hicisteis.*

MATEO 25:40

Hay un dicho popular hoy que dice que no hay buena acción que quede impune. Algunas veces se siente así. Pero nadie prometió que la hospitalidad y el amor fraternal serían fáciles. Ciertamente, no hay garantía de que se recompensarían aquí en la tierra. Simplemente tengo que seguir tratando a las personas con dignidad y esperar que a cambio de ello no sienta como que me han asaltado emocionalmente. Pero Tú has prometido que un día mis buenas acciones serán recompensadas, y confío en Tu Palabra. Cuando mi actitud cínica me impida realizar actos de hospitalidad, dame la fe y la fortaleza para hacer lo que se necesita, no porque quiera recompensas sino porque es un honor hacer Tu obra.

Hospedando ángeles

*No os olvidéis de la hospitalidad, porque por
ella algunos, sin saberlo, hospedaron ángeles.*

HEBREOS 13:2

Cuando mi esposo me trae a casa a algún amigo del
fútbol americano y lo presenta como Joe o Pete antes de
que se apoderen del sofá y se coman todos los bocaditos
que hay en un radio de dos cuadras, ¿pienso alguna vez que
este extraño podría ser un ángel? ¿Se pintan los ángeles
la cara de azul los días en que hay partido? Bueno, no lo
sé, y esa es la cuestión. Este visitante podría simplemente
ser otro adicto a la televisión. Podría ser el presidente
ejecutivo de alguna corporación enorme a quien le gusta
visitar los barrios bajos. O, tal vez, podría ser un ángel.
Señor, no me concierne en realidad que se trate, ya sea
de nadie en especial o de alguien de Tu ejército. Es un
invitado, y le debo hospitalidad. Ayúdame a mostrar
gracia cuando sea el momento de salir al frío a comprar
más papas fritas y carne seca.

El pájaro solitario

Velo y soy como el pájaro solitario sobre el tejado.

SALMO 102:7

Algunos días me siento como ese pájaro solitario, Señor. Todos los demás están arremolinados alrededor del comedero para aves, cuidando de sus bebés, o revoloteando de arriba abajo en sus urgentes negocios, pero yo estoy sentada sola, simplemente observando. ¿Qué estoy buscando? ¿Encontraré alguna vez a mi propia bandada para unírmele? ¿Acaso alguien volará hacia mí y se me unirá en el techo, aliviando así esta sensación de separación que siento de manera tan aguda? Sin embargo, Tú me dices que ni un pajarito cae sin que lo notes y que yo valgo más que muchos pajaritos (Mateo 10:29, 31). Me ves allí sola sobre mi techo, Señor. Sientes mi soledad, y de repente soy aceptada, y puedo cantar un cántico de gozo.

Nunca sola

*Compañero soy yo de todos los que te
temen y guardan tus mandamientos.*

Salmo 119:63

Conozco una iglesia que se niega a ceder al temor, Señor.
Sus puertas nunca están cerradas con llave, y algunas veces
entro en ella de camino a casa, me siento en una banca sola
y disfruto de la quietud ensombrecida. Cuando voy a los
servicios allí el domingo, la iglesia está llena y nadie tiene
que estar solo. La congregación me da la bienvenida
con amor fraternal. Pero disfruto visitándote al final de la
tarde, porque aunque puede que esté sola en el santuario,
siento la presencia de dos mil años de santos, hermanos
y hermanas a quienes amas y todavía llamas por sus
nombres. Nunca estoy sola debido a Ti. Mis raíces son
profundas; Tu familia de la fe siempre está conmigo.

"Heme aquí"

Entonces invocarás, y te oirá Jehová;
clamarás, y dirá él: Heme aquí.

Isaías 58:9

Padre, desde mi niñez nunca me has dejado a mi suerte para que luche sola. En todos los años de mi vida has estado allí para ayudarme a llevar cualquier carga que deba llevar, sea esta física, emocional, o espiritual. Clamo a Ti, y respondes, así como mi madre siempre lo hacía. Ella conocía mi voz y podía reconocer mi llanto de entre un murmullo de voces; Tú conoces mi corazón. Cuando clamo a Ti, estás allí, justo detrás de mi hombro, listo a levantarme si caigo, listo a sostenerme si tambaleo. Cuando mis fuerzas fallan, Tu fortaleza siempre es suficiente. Gracias por Tu constante amor y cuidado, por reconocer mi llanto y nunca dejar de rescatarme.

Aceptando el regalo

Y yo rogaré al Padre, y os dará otro Consolador,
para que esté con vosotros para siempre...
No os dejaré huérfanos; vendré a vosotros.

Juan 14:16, 18

Señor, Tú sabes que algunas veces rechazo Tus promesas.
Cuando estoy realmente sola y deprimida, nada parece
hacerme sentir mejor. Sé que estás conmigo; sé que Te
preocupas cuando nadie más lo hace, pero hay días en
que ni siquiera eso es suficiente. La falla está en mí, no en
Ti. En días como esos, hazme recordar que aunque Tus
promesas pueden tomarse con libertad, todavía tengo
que aceptarlas, reclamarlas, y luego vivir con fe en que son
mías. Ningún regalo es verdaderamente nuestro sino hasta
que lo abrimos y lo aceptamos con agradecimiento y gozo.

El ofrecimiento

Dios hace habitar en familia a los desamparados.

SALMO 68:6

Padre, aquellos que están felizmente casados no pueden entender cómo otros pueden estar felizmente solteros, así como los padres no pueden entender cómo otros pueden vivir felices sin hijos. Tú has provisto para aquellos que no quieren una solitaria existencia, que necesitan compañía y amor para suavizar las asperezas diarias de la vida, ofreciéndonos el matrimonio y la paternidad y la maternidad. No todos aceptarán este ofrecimiento, pero esa es su decisión, y Tú respetas su libertad de elección. Yo debo hacer lo mismo, sin importar cuán fuertes sean mis sentimientos en cuanto a que se están perdiendo de algunas bendiciones maravillosas. Empujar constantemente a los demás a que encuentren a la persona indicada (olvidando cuán difícil puede ser eso) solo nos desalienta a todos. Dame la fuerza para dejar que mis hijos tomen sus propias decisiones, sin importar cuán grande es mi anhelo personal de tener montones de nietos que iluminen mi ancianidad.

Haciendo de casamenteros

La casa y las riquezas son herencia de los padres;
mas de Jehová la mujer prudente.

PROVERBIOS 19:14

Todos los padres esperan que sus hijos se casen con alguien que no desperdicie los frutos del trabajo de ellos, pero ahora que los matrimonios arreglados son cosa del pasado, los jóvenes tienen que encontrar a sus propios cónyuges. Puede que cause un poquito de inconveniente, pero yo prefería encontrar a la persona indicada sin que nadie más se meta, especialmente mis padres. La buena noticia es que algunas veces Tú puedes ayudarnos en nuestra búsqueda, ya sea trayendo a la persona indicada de la nada, o ayudándonos a ver el atractivo de alguien a quien hemos conocido por años. Aquellos de nosotros que todavía estamos buscando, aceptamos Tu ayuda, Padre. Tú sabes lo que necesito, y confío en Tu provisión, sabiendo que siempre actúas para mi mayor beneficio y que quieres que tenga una vida feliz.

Fruto para la mesa

*Tu mujer será como vid que lleva fruto
a los lados de tu casa; tus hijos como
plantas de olivo alrededor de tu mesa.*

<small>SALMO 128:3</small>

Sé que una buena esposa contribuye a un buen hogar,
trayendo incontables bendiciones a su esposo. El salmista
habla de la esposa como proveedora de fruto para su
familia, olivos y uvas para escoger, pero por supuesto se
refiere a mucho más. El fruto es un lujo más difícil de
cultivar y más escaso que el grano; trae dulzura y felicidad
a lo que de otro modo podría ser una comida aburrida.
Quiero ser como una vid fructífera junto a la casa, Señor.
Con Tu ayuda puedo serlo, ya sea que el fruto que traiga
sean hijos, una actitud alegre, o dinero para ayudar a
proveer de alimento para mi familia. Muéstrame la mejor
manera de contribuir a la felicidad de mi hogar y de mi
familia.

La santificación

~~~~~~~~

Porque el marido incrédulo es santificado en la mujer,
y la mujer incrédula en el marido.

1 Corintios 7:14

P adre, creo que lo mejor para los creyentes es que se casen con otros creyentes. Sus metas son las mismas, sus prioridades están de acuerdo, y la vida en general tiene menos conflictos. Pero el amor tendrá su propio camino, y algunas veces los creyentes aman y se casan con no creyentes. Cuando esto sucede, debo asumir que tienes una razón para ello. Muchos cónyuges no creyentes han venido a Ti por medio del buen ejemplo de sus parejas amorosas, no por medio de su predicación o fastidiosa persistencia, sino por medio del amor que comparten y el tipo de vida que el amor hace posible. No dejes que juzgue o que me oponga rápidamente a un matrimonio que se me va de las manos. Permíteme darle tiempo al amor para que haga su labor. Puede que nunca vea el resultado que quiero, pero estoy segura que está a salvo en Tus manos.

Muchas riquezas

Hay quienes pretenden ser ricos, y no tienen nada; y hay quienes pretenden ser pobres, y tienen muchas riquezas.

Proverbios 13:7

Señor, el dinero está bastante escaso por aquí. Tenemos lo suficiente para arreglárnoslas, pero nada extra, no hay ahorros para emergencias o para la jubilación. Aún así, hemos podido educar a nuestros hijos, y ellos están llevando vidas buenas y útiles. Involucró mucho sacrificio hacerlos llegar hasta aquí, pero sí que valió la pena. Conozco a otras personas cuyos hijos fueron a las mejores escuelas sin ayuda financiera o préstamos y ahora están viviendo en casa y deambulando en los costosos automóviles que recibieron como regalo de graduación. Veo la decepción en los ojos de sus padres y Te agradezco por ayudarnos a criar a hijos que aprecian lo que tienen y trabajan duro por formar sus propias vidas con o sin riquezas financieras.

Las riquezas tienen alas

No te afanes por hacerte rico; sé prudente,
y desiste. ¿Has de poner tus ojos en las riquezas,
siendo ningunas? Porque se harán alas como
alas de águila, y volarán al cielo.

PROVERBIOS 23:4–5

A lo largo de los años he aprendido mucho acerca de las riquezas. En principio, he aprendido que cada vez que ahorro un poquito, el techo comenzará a gotear o se necesitará volver a pavimentar la entrada. Tan pronto como hago planes para las vacaciones y hago el depósito no reembolsable, uno de nosotros no podrá tener esa semana libre. Me he acostumbrado a esto, Señor; sé cómo rodar con los golpes. Habrá tiempo para ahorrar más dinero, y tomaremos otras vacaciones. De todos modos no estoy buscando riquezas. Gracias por lo que sí tengo, que es la felicidad. Ayúdame a ser sabia con el dinero que tengo y a usarlo de una manera que Te agrade.

Descanso de espíritu

Mas vale un puño lleno con descanso, que ambos
puños llenos con trabajo y aflicción de espíritu.

ECLESIASTÉS 4:6

Confieso que me irrito fácilmente, Señor, pero solo
son las malas pulgas de la edad, no verdadera irritación
o aflicción de mi espíritu. He sido bendecida con una
buena vida. Aprendí a vivir la vida sencilla cuando niña,
cuando no teníamos mucho dinero pero siempre nos
divertíamos. Aprendí a ser agradecida cuando mis hijos
nacieron. Aprendí a dar cuando los demás me dieron.
También he descubierto que el mundo está lleno de
personas muy agradables que hacen lo mejor que pueden
bajo las circunstancias en que se encuentran. Bueno, hay
algunos canallas en el grupo, pero en general me gustan
las personas. Gracias por todo lo que me has dado, Señor,
por todo lo que me has enseñado, y por todos los buenos
tiempos aún por venir.

Encontrándose

El rico y el pobre se encuentran;
a ambos los hizo Jehová.

PROVERBIOS 22:2

Me niego a dejar que la envidia nuble mi vida, Señor, pero algunas veces es difícil creer que tenga algo en común con los ricos. Después de todo, puedo renovar mi cocina con lo que ellos ganan en menos de un mes. Si de repente hubiera de volverme rica, ni siquiera sabría qué hacer con el dinero que me sobrara después de satisfacer mis necesidades. Realmente hay mucho que los ricos y los pobres podrían aprender unos de otros si se tomaran el tiempo, y tal vez deban hacerlo, porque todos somos Tus hijos. Te tenemos como nuestro ancestro común, el Creador que nos ama a todos. Cuando la envidia entre sigilosamente en mi corazón, permíteme ser feliz por aquéllos a quienes has bendecido, de cualquier manera. Hay más que suficiente de Tu amor para compartir.

Ester y Mardoqueo

Y el rey amó a Ester más que a todas las otras mujeres, y halló ella gracia y benevolencia delante de él más que todas las demás vírgenes; y puso la corona real en su cabeza, y la hizo reina en lugar de Vasti.

ESTER 2:17

Ester debió haberse preguntado por qué su primo Mardoqueo, quien la había criado después de la muerte de sus padres, la había llevado a este rey pagano, pero sabía que Tú tenías un propósito y le fue obediente al hombre que la crió. Tal y como lo planeaste, el rey se enamoró de la joven judía y la hizo su esposa. Sabías que la obediencia y las valientes acciones de ella salvarían las vidas de todos los judíos en el reino, incluyendo la suya y la de Mardoqueo, pero ella no lo sabría sino hasta más tarde. Generalmente no sé por qué mi vida da giros repentinos para bien o para mal, Señor. Todo lo que puedo hacer es servirte fielmente, ya sea en un palacio o en un departamento, hasta que se revele Tu plan para mi vida.

Corriendo un riesgo

Cualquier hombre o mujer que entra en el patio interior para ver al rey, sin ser llamado, una sola ley hay respecto a él: ha de morir; salvo aquél a quien el rey extendiere el cetro de oro.

ESTER 4:11

Amán había convencido al rey que los judíos eran una nación rebelde que debía ser destruida. Al escuchar acerca de la decisión, Mardoqueo le envío un mensaje a Ester: Ella debía convencer al rey de anular su decreto, o todos serían asesinados. El rey no había llamado por ella, y entrar sin haber sido anunciada podía costarle la vida. Ella ayunó por tres días, se armó de valor, y fue al patio interior. No tenía otra elección. Miles de vidas dependían de ella. Cuando Tu propósito me es revelado, Padre, debo aceptar mi responsabilidad y hacer Tu voluntad, aun si puede que al hacerlo sea peligroso.

La justicia

Séame dada mi vida por mi petición, y mi pueblo por mi demanda. Porque hemos sido vendidos, y yo y mi pueblo, para ser destruidos, para ser muertos y exterminados.

ESTER 7:3-4

El rey estaba furioso. ¿Quién se había atrevido a hacer esto sin su consentimiento? Le había dado a Amán el poder para matar judíos, pero eso fue antes de que supiera que Ester y Mardoqueo eran judíos. Mardoqueo había salvado la vida del rey una vez; Ester era su reina. Lo habían engañado. Amán moriría, y de alguna manera el decreto sería invalidado. Padre, a menudo parece que el poder tiene la razón y no tengo oportunidad, pero Mardoqueo y Ester sabían que Tu poder puede vencer cualquier maldad que los hombres podrían planear. Cuando esté desesperada, lléname de fe en Tu justicia. Dame el valor para hablar a favor de Tu pueblo, aun cuando enfrente peligro personal al hacerlo.

La victoria

Y asolaron los judíos a todos sus enemigos.

ESTER 9:5

El rey no podía retirar la orden de Amán de que se asesinara a los judíos, pero podía hacerla difícil de cumplir. Les dio a los judíos permiso para defenderse, matando a cualquiera que los atacara y apoderarse de sus bienes. "Y todos los príncipes de las provincias, los sátrapas, capitanes y oficiales del rey, apoyaban a los judíos"(Ester 9:3). Las acciones fieles de Ester y Mardoqueo no solo los salvaron a ellos, sino también a su pueblo. La Biblia nos dice que muchos de entre los pueblos de la tierra se hacían judíos como resultado del poder que el rey les había dado (Ester 8:17). Padre, la próxima vez que enfrente el peligro por Tu causa, permíteme recordar que eres fiel en recompensar a Tu pueblo, sin importar cuánto pueda yo temer.

Sin fluctuar

Mantengamos firme, sin fluctuar, la profesión de nuestra esperanza, porque fiel es el que prometió.

HEBREOS 10:23

Señor, con Tu sangre limpiaste mis pecados, dejándome promesas para que las disfrutara con fe hasta que regresaras a reclamarme como Tuya. Demanda paciencia vivir en fe, y confieso que algunas veces mi paciencia se debilita. Me pregunto por qué no actúas de maneras que yo pueda ver y entender. ¿Por qué hay tanta maldad y sufrimiento en este mundo que desalientan tanto a los que tienen fe como a los que no la tienen? No lo entiendo. Ayúdame a darme cuenta que mi comprensión no es necesaria para el cumplimiento de Tu plan. Tú lo entiendes todo; y yo no necesito hacer otra cosa sino tener fe. Mientras tanto, mantenme lejos de la fluctuación, Señor. Tu fidelidad es perfecta, y se hará Tu voluntad.

Un mundo instantáneo

*Porque os es necesaria la paciencia, para que habiendo
hecho la voluntad de Dios, obtengáis la promesa.*

HEBREOS 10:36

Este es un mundo instantáneo, Señor. Aquí no se
valora mucho la paciencia. Si no obtengo lo que creo
que necesito, yo misma me hago cargo y duplico mis
esfuerzos, sin siquiera pensar en quedarme sentada
pacientemente y esperar a que Tú actúes. Al igual que
una niñita, corro de arriba abajo buscando algo que me
entretenga, aun cuando sé que no es entretenimiento
lo que necesito. Al igual que una niña, me meto en
problemas cuando corro adelantada a Ti. En esos días
cuando me vaya por mi cuenta, atráeme a Ti hasta que me
calme y comience a pensar con claridad. Todo está bajo
control. Todas mis necesidades han sido satisfechas. No
necesito contribuir con nada más que fe y paciencia.

Sufriendo en paciencia

Pues, ¿qué gloria es, si pecando sois abofeteados, y lo soportáis? Mas si haciendo lo bueno sufrís, y lo soportáis, esto ciertamente es aprobado delante de Dios.

1 Pedro 2:20

Hay días, Señor, cuando algunos en mi familia me ven con demasiada claridad. Tengo toda una gama de fallas, y ellos me hacen recordar todas y cada una de ellas. Trato de ser paciente, pero merezco lo que tengo, así que mi paciencia allí no es precisamente una virtud. Por otro lado, algunas veces de hecho me va bien y me encuentro siendo castigada por ello. Por mucho que quiero, rara vez muestro paciencia en esos momentos. Puedo ver que sería una virtud, pero no puedo llegar a manifestarla. Dame paciencia tanto en los días buenos como en los malos, Señor. Mi juicio es imperfecto, pero el Tuyo es perfecto.

La maternidad

No nos cansemos, pues, de hacer bien;
porque a su tiempo segaremos, si no desmayamos.

GÁLATAS 6:9

Las madres entienden lo que es cansarse de hacer bien y tratando de no desmayar. Cuando era una madre joven, a menudo estaba lista para una siesta a las 10:00 a.m. La hora de la siesta cada cuatro horas era tan vital para mí como lo era para la salud y el bienestar de mi bebé. Ahora mis hijos han crecido, y estoy segando las recompensas de mi paciencia, nietos y una casa tranquila. Te agradezco por todo ello, Señor, por los años agotadores y los años de paz y realización. Aprendí paciencia y resistencia a lo largo de esos años, características vitales para mi fe hoy. Debido a mi entrenamiento como madre, puede que me canse pero no me rendiré, por cuanto sé que la cosecha bien vale el esfuerzo.

La hospitalidad de Marta

Entró en una aldea; y una mujer llamada Marta le recibió
en su casa. Esta tenía una hermana que se llamaba María,
la cual, sentándose a los pies de Jesús, oía su palabra.

LUCAS 10:38-39

Cuán honrada debió haberse sentido Marta cuando
aceptaste su ofrecimiento de hospitalidad, Señor. Al
mismo tiempo, debe haber estado un poquito preocupada.
¿Había suficiente comida disponible para Ti y para los
discípulos? ¿Estaba bien preparada? ¿Había suficientes
tazones limpios? ¿Te gustaría lo que ella cocinó?
Siempre existe la posibilidad del desastre cuando llegan
invitados inesperados. Fácilmente puedo entender las
preocupaciones de Marta, Señor, pero no permitas que mis
preocupaciones me hagan rehuirle a ofrecer hospitalidad a
cualquiera que venga en Tu nombre. De una manera u otra,
me las arreglaré para conseguir poner una cena aceptable
sobre la mesa.

El ruego de Marta

Pero Marta se preocupaba con muchos quehaceres, y
acercándose, dijo: Señor, ¿no te da cuidado que mi
hermana me deje servir sola? Dile, pues, que me ayude.

LUCAS 10:40

Hacía calor en la cocina, con demasiado que
hacer y muy poca ayuda. Marta veía a María sentada
calmadamente a Tus pies cuando debía haber estado
sudando sobre el fuego, como ella, así que Te pidió que
la mandaras de vuelta a sus deberes. Muchas veces he
sentido de la misma manera, Señor. Todos esos familiares
perfectamente saludables están allí afuera siendo sociables
cuando yo no tengo a nadie más a quien hablarle sino a
una ruma de platos sucios. ¿Acaso les haría daño ayudar?
En momentos como estos, mantenme amable y llena de
gracia, no amarga. Después de todo, los platos siempre
pueden esperar hasta que la fiesta haya terminado.

La compasión de Jesús

Respondiendo Jesús, le dijo: Marta, Marta, afanada y turbada estás con muchas cosas.

LUCAS 10:41

Mostraste tanta compasión cuando Marta Te pidió que enviaras a María de vuelta a su trabajo, Señor. Entendiste que ella estaba preocupada por los muchos detalles que conllevan recibir invitados. Tus palabras demostraron cuánto Te preocupabas por ella y reconociste que sabías cuán ensimismada estaba ella en brindarte una buena comida, no cualquier cosa que se echara en la olla. Esa cena era la manera en que Marta eligió mostrar su amor por Ti. Algunas veces, una palabra amable de comprensión es todo lo que necesito cuando me siento abrumada, Señor. Puede que las circunstancias no cambien, pero me siento mejor en cuanto a mis cargas cuando alguien simplemente las reconoce. Permíteme mostrar la misma compasión hacia aquellos que trabajan tan duro para mi beneficio.

La respuesta de Jesús

*Pero solo una cosa es necesaria; y María ha escogido
la buena parte, la cual no le será quitada.*

Lucas 10:42

Siempre Te las arreglas para mostrarnos suavemente
cuando nuestras prioridades están fuera de orden, Señor.
Marta estaba tan envuelta en su trabajo que no tenía tiempo
para escucharte, mientras que María sabía que estar contigo
y aprender lo que tenías que enseñarle debía ser su primera
prioridad. Habría muchas más cenas que preparar, pero
Tu tiempo en la tierra terminaría pronto. La hospitalidad
significa más que buena comida; también conlleva pasar
tiempo con aquellos a los que invitamos a nuestras casas.
La próxima vez que me vea tan involucrada en los aspectos
mecánicos de la hospitalidad que nunca pueda llegar a hablar
con mis invitados, realinea mis prioridades y ayúdame a
disfrutar de mi propia fiesta.

La promesa

*Entonces dijo: De cierto volveré a ti; y según el tiempo
de la vida, he aquí que Sara tu mujer tendrá un hijo...
Y Abraham y Sara eran viejos, de edad avanzada; y a
Sara le había cesado ya la costumbre de las mujeres.*

GÉNESIS 18:10-11

Padre, a menudo pareces elegir a las mujeres más
improbables para que den a luz a hombres extraordinarios,
las estériles, la virgen, la mujer demasiado anciana para
dar a luz. Hacer lo imposible de repente se hace bastante
posible para estas mujeres. Cualquiera que sea su condición
física. Tu promesa a ellas siempre se cumple, y Tu voluntad
siempre encuentra su camino. Cada vez que sienta que
Tus promesas son imposibles para mí, soy demasiado
vieja, o demasiado pobre, o tengo demasiada poca fe,
hazme recordar a estas extraordinarias mujeres de fe que
hicieron Tu voluntad y vieron Tus promesas para ellas
cumplidas a pesar de los obstáculos en contra. Haz de la
fe de ellas mi ejemplo y líbrame de la duda.

Sara se rió

❧

Entonces Jehová dijo a Abraham:
¿Por qué se ha reído Sara diciendo:
¿Será cierto que he de dar a luz siendo ya vieja?
¿Hay para Dios alguna cosa difícil?

GÉNESIS 18:13-14

Sara se mantenía al margen en la tienda, pero escuchó Tu promesa a Abraham con bastante claridad. Abraham tenía 100 años, y ella tenía 90, pero acababas de prometer que tendrían un hijo. Se trataba de personas normales en casi todo aspecto, y la imposibilidad física y humana de Tu promesa simplemente fue demasiado para ellos. Ambos se rieron ante la noticia (Génesis 17:17). Cuando nos tomas por sorpresa y nos ofreces una promesa mucho más allá de nuestra capacidad de comprensión, puede que nuestra primera reacción sea la de negar con nuestras cabezas y reírnos. Sabemos que nada es imposible para Ti, somos nosotros lo que estamos dudando. Te rogamos que tengas paciencia con nosotros.

La promesa cumplida

*Visitó Jehová a Sara, como había dicho, e hizo
Jehová con Sara como había hablado. Y Sara
concibió y dio a Abraham un hijo en su vejez,
en el tiempo que Dios le había dicho.*

GÉNESIS 21:1-2

Tú prometiste que Abraham sería el padre de muchas naciones y que serías su Dios para siempre. Les darías la tierra de Canaán como una posesión eterna y nunca las dejarías en tanto ellas obedecieran Tus mandamientos. Pero antes de que Abraham pudiera ser el padre de naciones, él necesitaba ser el padre de un hijo, no del hijo de una sierva, sino del hijo de Sara, a quién Tú habías escogido. Y así fue. No podemos comenzar a entender cómo Tus promesas se cumplen, Padre, pero sabemos que nada es imposible para Ti y que todas Tus promesas se harán realidad. Todo lo que necesitamos es fe.

El poder de la fe

Por la fe también la misma Sara, siendo estéril, recibió fuerza para concebir; y dio a luz aun fuera del tiempo de la edad, porque creyó que era fiel quien lo había prometido.

HEBREOS 11:11

Algunas veces me pregunto qué habría pasado si Sara no hubiese tenido la fe necesaria. Por su cuenta, ella y Abraham jamás habrían podido tener un hijo. Aunque esto es algo discutible: Tú sabías que Sara *sí* tenía suficiente fe, o no habrías hecho la promesa. A menudo siento que carezco de fe, Señor, que debes estar diciendo promesas dirigidas para otra persona, alguien que tenga más fe y que las merezca. Oro para que me muestres el error de esta falta de respeto por mí misma. Si me das una promesa, Señor, es porque *sí* tengo la fe necesaria, sea que lo sepa o no. Todo lo que necesito es actuar en consecuencia a ella.

En el templo de mi corazón

Bendeciré abundantemente su provisión;
a sus pobres saciaré de pan.

SALMO 132:15

Dios, Tú elegiste hacer Tu hogar en Sion para siempre, donde los descendientes de David gobernarían bajo Tu Ley hasta la venida de Cristo. A cambio de la fidelidad de Sion, prometiste proveer ampliamente para los ciudadanos de la ciudad, satisfaciendo incluso a los pobres con pan. Nadie quedaría fuera en Tu hogar elegido. Ahora el tiempo ya no está, pero Tú sigues viviendo en nuestros corazones y la promesa sigue en pie. Padre, cuando esté teniendo problemas con mis finanzas, hazme recordar que siempre proveerás, de una u otra manera, para aquellos que Te aman. Dame confianza en Tus promesas para que nunca me preocupe por el bienestar de mis hijos, a quienes Tú amas aún más que yo y a quienes has prometido cuidar.

Haciendo maravillas

Comeréis hasta saciaros, y alabaréis el nombre de Jehová
vuestro Dios, el cual hizo maravillas con vosotros;
y nunca jamás será mi pueblo avergonzado.

JOEL 2:26

T ú prometiste hacer grandes cosas por Israel, Padre,
aun más de las que hiciste por él en el pasado, cuando lo
sacaste de Egipto. Lo defenderías del ataque y restaurarías
lo fructífero del suelo, enriqueciéndolo y garantizándole
una buena vida. "Las eras se llenarán de trigo, y los lagares
rebosarán de vino y aceite" (Joel 2:24). Pronto tendrían
lugar eventos aterradores, pero cualquiera que apelara al
nombre del Señor sería librado. "Jehová será la esperanza
de su pueblo, y la fortaleza de los hijos de Israel"(3:16).
Por medio de la confusión y del temor, siempre proteges y
salvas a aquellos que Te aman. Tú proveerás. Tú salvarás.

Las promesas de Dios son ciertas

Ha dado alimento a los que le temen;
para siempre se acordará de su pacto.

Salmo 111:5

Padre, ya que somos humanos y con debilidades humanas, puede que olvidemos las promesas que les hacemos a nuestros hijos, pero Tú nunca Te olvidas de las promesas que nos haces a nosotros. Sigues siendo honorable y lleno de compasión, aun cuando somos débiles y nos asustamos fácilmente. Tus mandamientos permanecen para siempre, así como la redención de Tu pueblo por medio de Jesucristo. Por Tu gran misericordia, siempre provees para aquellos que Te aman y que siguen Tus caminos. Hazme recordar esto cuando esté en necesidad de alimento o refugio, Señor. Algunas veces mis necesidades parecen ser lo más importante en mi vida, pero sé que es solo el pánico el que está hablando. Nunca más necesito entrar en pánico: Tus promesas son ciertas. Ayuda a que mi desesperación de hoy ceda ante Tu tranquilidad y Tu amor.

La preocupación

No os afanéis, pues, diciendo:
¿Qué comeremos, o qué beberemos,
o qué vestiremos?... vuestro Padre celestial
sabe que tenéis necesidad de todas estas cosas.

MATEO 6:31-32

La preocupación es nuestra emoción más inútil. Es improductiva y peligrosa. Puede que algunas veces me empuje a emprender alguna acción para salvarme, pero aun entonces no hay garantía alguna de que mis acciones serán efectivas, porque no pienso racionalmente cuando la preocupación me consume. La mayor parte del tiempo, la preocupación me inhabilita, me encierra en mi habitación, me separa de aquellos que estarían dispuestos a ayudar. Me convence que soy indigna, tonta, o que no tengo perdón, todas estas mentiras del diablo, no Tus juicios. Una cosa es estar preocupada por mi futuro; dejar que la preocupación me incapacite es una falta de fe. Tú sabes lo que necesito, Señor, y Tú proveerás.

Guardando el templo

¿O ignoráis que vuestro cuerpo es templo del
Espíritu Santo, el cual está en vosotros,
el cual tenéis de Dios, y que no sois vuestros?

1 Corintios 6:19

El dominio propio no es una virtud generalizada hoy, Señor. Muchos pervierten el concepto convirtiéndolo en "Es mi cuerpo, y puedo hacer lo que quiera", cuando su verdadero significado es más como que "Es el cuerpo de Dios, y tengo que controlarme". Mi cuerpo es Tu templo, el hogar del Espíritu Santo, quien vive en mí y me guía. ¿Por qué querría yo alguna vez profanar este templo por algún placer fugaz? Por supuesto que soy tentada, soy totalmente humana, pero este cuerpo lo hiciste Tú para que Te glorifique a Ti, no a mí. Sé conmigo cuando sea tentada, Señor. Oro para que me muestres los verdaderos gozos del dominio propio.

El lecho matrimonial

*Honroso sea en todos el matrimonio,
y el lecho sin mancilla; pero a los fornicarios
y a los adúlteros los juzgará Dios.*

HEBREOS 13:4

Dentro del matrimonio, no nos niegas ninguno de los placeres del cuerpo, Señor. Tenemos la libertad de demostrar nuestro amor el uno por el otro por medio de nuestros cuerpos, sin pecar, con creatividad, pasión y consentimiento mutuo. Podemos ceder al placer sin pecar, sabiendo que has provisto estas bendiciones por Tu gran amor hacia nosotros y por Tu gozo en vernos felices. Pero estas bendiciones son para el matrimonio, y Tú no tolerarás que las busquemos fuera del lecho matrimonial. Al final, aquéllos que carecen de dominio propio en estos asuntos enfrentan Tu desagrado y Tu ira. Gracias por Tu regalo de los placeres sexuales, pero enséñanos a usarlos sabiamente, según Tus deseos para nosotros. Mantennos fieles a nuestros cónyuges y a Tus leyes de dominio propio.

El Señor libra

*Sabe el Señor librar de tentación a
los piadosos, y reservar a los injustos
para ser castigados en el día del juicio.*

2 PEDRO 2:9

El dominio propio no es un camino fácil de seguir. Aquellos de nosotros que tratan de seguirte saben que es un camino empinado, y que el equilibrio es inseguro. A menudo parece que los demás están al borde del camino tirando piedras bajo mis pies, solo para verme tropezar. Si pierdo mi equilibrio y caigo, encuentran un gran placer burlándose de mí. Sin Tu ayuda, no podría alcanzar mi meta, pero Tú has prometido que estarás conmigo cuando clame por ayuda. No sé cómo librarme de la tentación, pero Tú conoces la manera de hacerlo. Has estado allí. Tú sufriste la tentación y ganaste todas Tus pruebas. Cuando tropiezo, Tus brazos me toman; si caigo, me vuelves a poner sobre mis pies y me guías para que prosiga.

Mi seguridad

Bienaventurado el varón que soporta la tentación;
porque cuando haya resistido la prueba, recibirá la
corona de vida, que Dios ha prometido a los que le aman.

SANTIAGO 1:12

Todos somos tentados. Sería una mujer anormal si no fuera tentada, algún tipo de alienígena que vive en un mundo extraño donde las leyes de la naturaleza no existían. Pero no, soy totalmente humana, y conozco la tentación demasiado bien, Señor. Tú prometiste que recompensarás a aquellos que soporten la tentación y que salgan victoriosos, yo quiero esta victoria. Sé conmigo, Señor, cuando luche en esta batalla. Muéstrame el camino a la victoria cada día, porque algunas veces lo encuentro difícil de seguir. Tú conoces cada curva, cada paso en el camino, y yo Te seguiré segura todos los días de mi vida.

Una mujer de valor

El obrero es digno de su alimento.
MATEO 10:10

Algunas veces escucho acerca de mujeres fantásticamente exitosas y siento que me paso la vida holgazaneando, Señor. Si fuera a la universidad, ¿podría ser como ellas, o es demasiado tarde? Cualquiera podría hacer mi trabajo. Nadie me echaría de menos si jamás vuelvo a aparecer en el trabajo. Luego me doy cuenta que la muchacha de secundaria a la que le enseño todo estaría perdida sin mí. También lo estaría la mujer infelizmente casada que necesita de mi hombro sobre el cual llorar. Nunca me sentaré en mi propia oficina principal, pero soy importante aquí, soy digna de mi salario. Gracias por el trabajo que me has dado, Padre, con sus oportunidades para servir a los demás y servirte a Ti. Soy una mujer de valor, y mi contribución es grande.

Un cabello

Pues aun vuestros cabellos están todos contados.

MATEO 10:30

A mi esposo le encanta este versículo, Padre. Algunas veces lo escucho refunfuñar en las mañanas y sé que está contando los cabellos que se le han caído en el lavabo, lamentando su pérdida. Él está contento que Te preocupes por cada uno de los cabellos que permanecen sobre su cabeza, pero no le agrada demasiado que su punto calvo se ensanche. Conozco este versículo como una ilustración de cuán importante soy para Ti, Padre. Si Te preocupas por algo tan pequeño como lo es un cabello, solo puedo imaginar Tu preocupación cuando estoy enferma o sufriendo alguna pérdida. Cosas malas se me presentarán en el camino de la vida, pero estoy segura en Tu amor que nunca falla. Tu cuidado y preocupación me bendicen constantemente. Soy tan importante para Ti que incluso los cabellos de mi cabeza están todos contados.

Hijos de luz

Porque todos vosotros sois hijos de luz e hijos del día;
no somos de la noche ni de las tinieblas.

1 Tesalonicenses 5:5

Aunque la noche tiene su belleza, el día con su luz me facilita estar atenta a Tu venida, Señor. Quienes Te conocemos somos hijos de luz, capaces de alumbrar el camino a la salvación de los demás porque ya hemos ido por ese camino antes. "Pero nosotros, que somos del día, seamos sobrios, habiéndonos vestido con la coraza de fe y de amor, y con la esperanza de salvación como yelmo" (1 Tesalonicenses 5:8). Tú has pagado por mi salvación con Tu muerte en la cruz; me hiciste una hija de luz para que pudiera guiar a los demás hacia Ti. Aunque no era digna en mí misma, Tú me hiciste digna, y Te lo agradezco.

La salvación

Y esto érais algunos; mas ya habéis sido lavados, ya habéis sido santificados, ya habéis sido justificados en el nombre del Señor Jesús, y por el Espíritu de nuestro Dios.

1 Corintios 6:11

Por mi propia cuenta, soy totalmente indigna de salvación, y nada de lo que diga o haga puede cambiar ese hecho, sin importar cuánto lo intente. Era una pecadora; soy una pecadora; siempre seré una pecadora. Pero, a pesar de mi desobediencia y terquedad, Tú me valoras, Señor. Tú crees que vale la pena salvarme, y harás todo lo posible, incluso morir en una cruz, para mostrarme Tu amor eterno. Tú lavas mis pecados. Me haces santa. Estás delante del trono de Tu Padre y me reclamas como Tuya, exenta de pecado y de juicio. Soy hecha digna por causa de Tu sacrificio. Gracias, Salvador mío.

Ministrando al Señor

⁓

*Aconteció después, que Jesús iba por todas las ciudades y
aldeas, predicando y anunciando el evangelio del reino
de Dios, y los doce con él, y algunas mujeres que habían
sido sanadas de espíritus malos y de enfermedades:
María, que se llamaba Magdalena, de la que habían
salido siete demonios, Juana... y Susana, y otras
muchas que le servían de sus bienes.*

LUCAS 8:1-3

El papel de las mujeres en Tu ministerio no es claro,
pero de vez en cuando podemos captar vistazos de ellas.
Así como sucedió con muchos hombres a quienes sanaste,
hubo mujeres que también dejaron sus casas para seguirte,
para ministrar a tus necesidades. Ellas cuidaban que
tuvieras alimento y vestido, un lugar donde descansar en
la noche, asumiendo esas cargas para liberarte a Ti y a los
discípulos para que hicieran Tu obra. Muchas mujeres
continúan con ese ministerio hoy, apoyando en silencio
Tu obra, ocupándose de los detalles de la vida de la iglesia.
Solo Tú sabes quiénes son. Bendícelas y guárdalas; dales
Tu recompensa por el servicio fiel.

La unción

Entonces una mujer de la ciudad, que era pecadora...
trajo un frasco de alabastro con perfume... y... comenzó
a regar con lágrimas sus pies, y los enjugaba con
sus cabellos; y besaba sus pies, y los ungía con el perfume.

LUCAS 7:37-38

El fariseo no lavó ni ungió Tus pies, Señor, pero una mujer pecadora hizo eso y más, lavando Tus pies con sus lágrimas, enjugándolos con su cabello, y ungiéndolos con precioso perfume. Su fe era tan obvia que le perdonaste sus pecados y la despediste en paz. No creo que yo hubiera tenido la valentía para interrumpir una cena importante y rogar por Tu perdón de una manera tan dramática, pero me gustaría honrarte en mi vida diaria. Puede que los fariseos en mi vida no me aprueben, pero es Tu perdón el que busco, no el de ellos.

Para memoria de ella

¿Por qué molestáis a esta mujer? Pues ha hecho conmigo una buena obra. De cierto os digo que dondequiera que se predique este evangelio, en todo el mundo, también se contará lo que esta ha hecho, para memoria de ella.

MATEO 26:10, 13

Los discípulos no aprobaron que esta mujer "desperdiciara" el precioso perfume sobre Tu cabeza, Señor. El perfume podría haberse vendido para ayudar a muchos otros. Solo Tú Te diste cuenta que ella Te estaba ungiendo para Tu próxima muerte en la cruz. Quedaste tan conmovido por el amor y la fe de ella que le diste un lugar en Tu evangelio para que todo el mundo conozca su historia. Nunca tendré la oportunidad que ella tuvo de ungirte físicamente, pero lo hago cada día en mi corazón y sé que cuidas de mí así como lo hiciste de ella.

En la cruz

Estaban allí muchas mujeres mirando de lejos, las cuales había seguido a Jesús desde Galilea, sirviéndole, entre las cuales estaban María Magdalena, María la madre de Jacobo y de José, y la madre de los hijos de Zebedeo.

MATEO 27:55-56

La mayoría de Tus discípulos se habían dispersado y se habían escondido, temiendo que los judíos los matarían por seguirte. Pero muchas de las mujeres se quedaron sin perder de vista Tu cruz. De todos modos, nadie se preocupaba por ellas, solo se trataba de mujeres, tan carentes de importancia en su mundo que la mayoría de sus nombres se han perdido y no nos han llegado. Te habían servido en vida; no Te abandonarían en la muerte. Sé que les has dado su recompensa en el cielo, donde ciertamente Te sirven ahora. Recuerda a aquéllos que siguen sirviéndote hoy, que no piden gloria alguna por hacer Tu obra bien y que nunca Te abandonarán.

Labios mentirosos

*El que encubre el odio es de labios mentirosos;
y el que propaga calumnia es necio.*

<small>PROVERBIOS 10:18</small>

La veracidad es una gran virtud a poseer, pero difícil de mantener. Algunas veces parece más fácil y menos cruel salir con una mentirita aunque nunca es una acción sabia y finalmente causará más problemas de los que vale. Pero fingir que cuidamos de una persona que no nos gusta es nada comparado con calumniarla. La calumnia es una mentira mayúscula de otra persona. Casi siempre es imposible que la víctima refute la mentira, así que el daño social puede ser permanente. Padre, si no puedo decir nada agradable acerca de alguna persona, al menos guárdame de difamarla. En el ardor de la ira, controla mi lengua, porque lo que diga entonces puede ser tan dañino a mi alma como lo es a la reputación de mi víctima.

La calumnia como deporte

Porque oigo la calumnia de muchos.

Salmo 31:13

Estamos rodeados de mentiras y calumnias. Los políticos tuercen los hechos para demostrar lo que sea que quieran demostrar. Los líderes empresariales juegan con los números hasta que estos salgan de la manera "correcta". Pero no son solo los poderosos los que calumnian, puedo escuchar toda una sarta de calumnias en cualquier salón de belleza o mercado. Algunas de estas las digo como quien practica un deporte, pasándoles a los demás las mentiritas que acabo de escuchar. Me digo a mí misma que el chisme es inofensivo, al menos hasta que yo soy su víctima y experimento su dolor. Padre, no hay manera en que pueda evitar escuchar chismes y calumnias, pero no tengo que deleitarme en ellos, y menos aún esparcirlos. Cuando escuche algo que sé que a otra persona le encantaría oír, haz que me detenga y piense en ello antes de hablar. ¿Qué se ha de ganar con difundir la noticia?

"Una de las muchachas"

*Al que solapadamente infama
a su prójimo, yo lo destruiré.*

Salmo 101:5

No solo se espera que no propaguemos mentiras
acerca de los demás en público, Tú nos amonestas a no
calumniar en privado. Decir una mentira acerca de otra
persona a tan solo una de nuestras mejores amigas es
un pecado. Sé que mi amiga es incapaz de no decírsela
al menos a otra persona, quien a su vez se la dirá a otra,
y así sucesivamente. Padre, sé que no existe la calumnia
privada. La única manera de tratarla es dejándola morir
conmigo. Ayúdame a no reaccionar ante ella, y mucho
menos pasarla a otra persona. Con el tiempo, las personas
se darán cuenta que no estoy en el juego y cesarán de
incluirme en sus chismes. Hasta entonces, guarda mi
lengua y guárdame de la tentación, sin importar cuánto
quiera ser "una de las muchachas".

La jauría de lobos

*No habitará dentro de mi casa el que hace fraude; el que
habla mentiras no se afirmará delante de mis ojos.*

Salmo 101:7

P or supuesto que las mujeres no son las únicas
calumniadoras por allí. Los hombres tienen su propio
sistema. Es un poquito más sutil pero igual de peligroso
para todos a los que les incumbe. A menudo, los hombres
trepan en la escala laboral por encima de las espaldas de
los demás que son víctimas de sus mentiras descaradas y
de sus indirectas. Se roban las buenas ideas; las malas se
atribuyen a otra persona. Algunas veces varios hombres
montan un ataque desde muchos frentes al mismo tiempo,
dejando a su víctima impotente, sin defensores, como un
cordero rodeado de lobos. Señor, mantén a mi esposo
a salvo de estos ataques. Lo que es aún más importante,
guárdalo de participar en la cacería, y mantenlo inocente
del daño que se inflige a los demás. Las ganancias que se
obtienen de este tipo de actividades son temporales, pero
Tu Palabra es para siempre.

El bien

*El que halla esposa halla el bien,
y alcanza la benevolencia de Jehová.*

PROVERBIOS 18:22

Encontrar un cónyuge en tiempos bíblicos debió haber sido tan difícil como lo es hoy. Queremos a alguien con quien compartir el resto de nuestras vidas, los buenos tiempos y los malos, pero no es fácil hallar "el bien"; ciertamente es una bendición del Señor. Hoy apenas si algún hombre alardeará abiertamente ante sus amigos acerca de las admirables cualidades de su esposa. No es de machos. Más bien hablan acerca de "los viejos grilletes y cadenas". Ayúdame a darme cuenta que todo lo que mi esposo diga acerca de mí, especialmente en público, no siempre refleja sus verdaderos sentimientos. Cuando sus palabras me hieran, muéstrame cómo explicárselo y hacerle saber que valoro su respeto y su amor. Soy "el bien", merezco ser tratada con respeto.

El deber conyugal

El marido cumpla con la mujer el deber conyugal,
y asimismo la mujer con el marido.

1 Corintios 7:3

Las personas cambian. Al principio, los recién casados
están tan absortos el uno en el otro, que es como comer
azúcar con una cuchara. Quieres cepillarte los dientes,
y es tan dulce. A lo largo de los años, se acostumbran el
uno al otro y sus vidas se convierten en el equivalente
culinario a masticar una cáscara de limón. Hablan con
brusquedad en vez de deliberar; menosprecian en vez
de alabar. No tiene que ser así. Cada cónyuge le debe
amabilidad al otro. Padre, cuando me escuche a mí misma
menospreciando a mi esposo o le hable con aspereza,
hazme recordar que Tu norma para el matrimonio es el
respeto y el afecto en común. Yo he encontrado a este
hombre con Tu ayuda, lo amo, y es un placer para mí
hacerlo lo más feliz que me sea posible.

Cortesía poco común

Por lo demás, cada uno de vosotros ame también a su mujer como a sí mismo; y la mujer respete a su marido.

EFESIOS 5:33

Le corresponde al marido proteger a su esposa como si se protegiera a sí mismo. El amor por sí mismo no debe ser más fuerte que su amor por su esposa. Aun hoy, muchos hombres todavía caminan en el borde de la acera para proteger a sus esposas de los salpicones de agua o de los caballos desbocados (es una vieja costumbre). Mantienen abiertas las puertas pesadas e investigan los ruidos extraños en lo profundo de la noche. A cambio de ello, nosotras las esposas debemos valorar la consideración y protección de nuestros esposos, viéndolos como las señales de amor que son. Señor, la próxima vez que me ría de la caballerosidad pasada de moda de mi esposo, hazme darme cuenta que me estoy riendo de su expresión de amor y que no le estoy dando el respeto que merece.

Vale la pena perder

Asimismo vosotras, mujeres, estad sujetas a vuestros maridos; para que también los que no creen a la palabra, sean ganados sin palabra por la conducta de sus esposas.

1 PEDRO 3:1

Un hombre es una criatura extraña y maravillosa. Necesita sentir que está a cargo, incluso cuando sabe que no lo está. No puede evitarlo; así es como el Señor lo hizo, y si necesito perder uno o dos desacuerdos, considero que mi matrimonio bien vale la pérdida. No es algo vital para la imagen de mí misma, y generalmente gano a la larga. Muchos hombres han venido a Ti a través del respeto de sus esposas y por el deseo de solicitar la paz que pueden ver en las vidas de ellas. No permitas que me preocupe por la palabra *sujetas*. Tengo mejores cosas a las que puedo dedicar mi vida.

Variedades de fortaleza

En descanso y en reposo seréis salvos;
en quietud y en confianza será vuestra fortaleza.
Isaías 30:15

La fortaleza de las mujeres no es la misma que la de los hombres. En momentos de peligro, son generalmente los hombres quienes se arman y salen disparados a defender a los suyos por medio del uso de la fuerza. Las mujeres tienen sus propias maneras de prepararse para los problemas, almacenando alimento y agua, viendo que hay suficiente ropa para todos, preparando a los niños para las malas noticias. La fortaleza de los hombres es notoria y muy desenvuelta; la de las mujeres es callada y confía en el Señor. Por supuesto que esto es una generalización. Algunas mujeres luchan, algunos hombres se quedan en casa como rocas de fidelidad. Señor, hazme recordar que hay muchas maneras legítimas de responder al peligro. Si elijo luchar, concédeme Tu protección. Si elijo servir de otra manera, en silencio y confiando en Tu misericordia, eso también es fortaleza.

Nuestra fuente de fortaleza

No obstante, proseguirá el justo su camino,
y el limpio de manos aumentará la fuerza.

Job 17:9

Por mi cuenta, rara vez tengo la fuerza que necesito, Señor. La enfermedad me debilita; las preocupaciones cansan mi mente y me hacen menos productiva de lo que quiero ser. La edad finalmente derrotará mi cuerpo. Aun cuando esté físicamente en forma, sé que hay debilidad en mí. Pero Tú prometes que podré continuar en Tus caminos en tanto tenga fe, y confíe en Tus promesas. Hazme más fuerte cada día, Señor, sin importar cuán pesadas puedan ser mis cargas. Muéstrame todo el bien que has hecho por los fieles a lo largo de la historia y dame algo de Tu fortaleza cuando la mía falle. Permite que mi dependencia en Ti convierta la debilidad en fortaleza.

La impotencia

*Él da esfuerzo al cansado, y multiplica
las fuerzas al que no tiene ningunas.*

Isaías 40:29

Algunas veces el mundo me derrota, corriendo y
pisoteándome yendo sabe Dios hacia dónde. Cuidar de mi
familia me agota. Luchar por sobrevivir financieramente
es una pesadilla, mientras que ahorrar para mi vejez es una
quimera. Si pido ayuda del gobierno, lo más probable es que
no califique, aun cuando complete las páginas y páginas
de formatos y documentos requeridos. Mi seguro por
enfermedad nunca cubre las enfermedades que padezco,
y no puedo darme el lujo de pagar por nada más, así que
cuento contigo para mantenerme sana. No tengo el poder
para cambiar nada de esto, y algunas veces me enojo, Señor.
Por favor, aumenta mi fortaleza interior. Hazme recordar
que aunque parezca impotente, Tu poder no conoce límites
y Tú proveerás la fuerza que necesite para sostenerme en
mi crisis actual.

Tanto satisfechos como hambrientos

Todo lo puedo en Cristo que me fortalece.

FILIPENSES 4:13

Los problemas que tengo son nada comparados con aquello por lo que Pablo pasó, sin embargo, Tú le enseñaste grandes lecciones. "Sé vivir humildemente, y sé tener abundancia; en todo y por todo estoy enseñado, así para estar saciado como para tener hambre, así para tener abundancia como para padecer necesidad" (Filipenses 4:12). El resultado de su formación fue "Todo lo puedo en Cristo que me fortalece". Algunas de Tus lecciones son dolorosas, Señor, pero lucho por absorberlas, por aprender de ellas, y por sobrevivir a ellas como una persona más completa. Algunas veces es más fácil aceptar el hecho de que sí tengo abundancia, pero incluso esa lección tiene sus costos. Que aprenda a apreciar todo lo que la vida ofrece, sabiendo que hay ganancia tanto en los tiempos fáciles como en los difíciles.

La preocupación

*Porque no menospreció ni abominó la aflicción
del afligido, ni de él escondió su rostro;
sino que cuando clamó a él, le oyó.*

SALMO 22:24

P adre, hasta ahora mis pruebas no son de gran
envergadura. Tengo un hijo por el que me preocupo a
veces, y un esposo con algunos problemas de salud con los
que se puede lidiar. Pero sé que las cosas pueden salir mal
en un instante y algunas veces me encuentro esperando
que todo se venga abajo. Es importante para mí que estés
conmigo cuando Te necesito. No pensarás menos de
mí porque necesito Tu consuelo ni Te alejarás y fingirás
que no notas mi sufrimiento. Cuando clamo a Ti, sé que
escuchas, así como yo puedo escuchar a mi hijo llorar a
una cuadra de distancia. Gracias por Tus promesas y tu
eterno cuidado.

En medio de la angustia

*Si anduviere yo en medio de la angustia, tú me
vivificarás; contra la ira de mis enemigos
extenderás tu mano, y me salvará tu diestra.*

SALMO 138:7

Parece que en estos días todos caminamos en medio de
la angustia, Señor. De repente tenemos enemigos que nunca
supimos que lo eran, personas que prefieren el engaño y la
violencia a la diplomacia. No las entendemos y ellas nos
malinterpretan. Somos una nación herida, una nación
enojada que lucha por mantener sus valores al mismo
tiempo que sigue lidiando firmemente con aquellos que
nos odian. Oramos para que guíes a los líderes de nuestra
nación durante estos tiempos difíciles. Mantén a salvo a
nuestros hijos e hijas en Tus brazos. Vuelve a traer paz y
seguridad para todos en este mundo que sufre para que
podamos aprender las lecciones de este conflicto y vivir
juntos en armonía.

Mi defensa

Jehová, roca mía y Castillo mío, y mi libertador;
Dios mío, fortaleza mía, en él confiaré; mi escudo,
y la fuerza de mi salvación, mi alto refugio.

<small>SALMO 18:2</small>

No importa lo que me suceda en la vida, mis defensas se mantienen fuertes en tiempos de tribulación. No son las defensas de una fuerza armada, con todo lo necesaria que esta pueda ser de vez en cuando; sino la de la seguridad de Tus promesas y de Tu poderosa protección. Los tiempos se ponen difíciles en este mundo. El conflicto siempre nos acompaña en alguna parte del mundo, y el conflicto trae tensión, pero la tensión nunca debe convertirse en temor o en la incapacidad para disfrutar de este maravilloso mundo que nos has dado. Oro para que siempre seas mi fortaleza, mi roca, mi salvación. Escúchame cuando clame a Ti por ayuda, por cuanto sé que me amas.

Venciendo al mundo

*Estas cosas os he hablado para que en mí
tengáis paz. En el mundo tendréis aflicción;
pero confiad, yo he vencido al mundo.*

JUAN 16:33

Señor, Tú advertiste a los discípulos que el camino
delante de ellos era tanto empinado como peligroso. En
el transcurso de traer Tu Palabra al mundo, ellos serían los
primeros mártires de la iglesia, acosados y perseguidos
hasta la muerte por todos lados. Aún así, Tú los instaste a
ser felices en esta vida. Aunque el mundo los tratara con
maldad, Tú habías vencido al mundo, y Tu salvación les
pertenecería a ellos para siempre. El poder del mundo no
puede compararse contigo, y debido a Tu sacrificio, todo lo
que este puede hacernos es matar el cuerpo y liberar el alma
para la vida eterna contigo.

La dirección de Dios

*Fíate de Jehová de todo tu corazón, y no te apoyes
en tu propia prudencia. Reconócelo en todos
tus caminos, y él enderezará tus veredas.*

PROVERBIOS 3:5-6

Nunca sé qué traerá el día, Señor. Un día perfectamente
común y corriente puede terminar con gloria o dolor, o
puede terminar como generalmente termina un día
perfectamente común y corriente. Trato de prepararme
para cualquier cosa que se me presente en el camino,
al menos mentalmente, pero la verdad es que, existen
demasiadas posibilidades para que siquiera las
pueda considerar. Todo lo que puedo hacer es poner mi
confianza en Ti y vivir cada día con la fe en que Tú sabes
cómo resultará todo, aun cuando yo no lo sepa. Tú me
mostrarás qué dirección tomar. Me guiarás y me protegerás
día a día. Tú tienes un plan, y aunque yo no lo conozca o lo
entienda, yo confío en Ti.

No temas

*Dios es nuestro amparo y fortaleza, nuestro
pronto auxilio en las tribulaciones. Por tanto,
no temeremos, aunque la tierra sea removida,
y se traspasen los montes al corazón del mar.*

SALMO 46:1-2

Cuando vienen los problemas, nunca tengo que
enfrentarlos sola. Gracias, Señor, por estar siempre conmigo
como mi amparo y fortaleza. Los amigos pueden fallar, las
familias pueden separarse, y mi mundo entero puede ser
remecido hasta los cimientos, dejándome aturdida y
desorientada, pero Tú nunca cambias. Tus verdades son para
siempre. Tú no haces caso omiso de mis preocupaciones
y sigues adelante, Tú eres "nuestro pronto auxilio en
las tribulaciones", firme a mi lado suceda lo que suceda,
guiando mis acciones, y dándome la fuerza para continuar.
Cuando todo lo demás falla, cuando los amigos y la familia
me abandonan, yo pongo mi confianza en Ti y nunca
quedo decepcionada.

No siendo prisionera del temor

*Porque sol y escudo es Jehová Dios; gracia y gloria dará
Jehová. No quitará el bien a los que andan en integridad.
Jehová de los ejércitos, dichoso el hombre que en ti confía.*

SALMO 84:11-12

Una vez que pongo mi confianza en Ti, Padre, tengo la
libertad para vivir en paz, no siendo más una prisionera del
temor. Tu sol abriga mi corazón, instándome a avanzar en
victoria y a disfrutar de las bendiciones que llenan mi vida.
No me niegas nada que sea bueno para mí, Tu hija amada.
Cuando una vez confié en los poderes terrenales, los
gobiernos, el dinero, incluso el amor y la protección de los
demás, a menudo quedaba decepcionada, por cuanto ellos
son solo humanos y tienen sus propias preocupaciones, las
cuales anteponen a las mías. Pero Tu amor y preocupación
nunca me fallan, y soy verdaderamente bendecida.

Encontrando fortaleza

Los que confían en Jehová son como el monte de Sion,
que no se mueve, sino que permanece para siempre.

SALMO 125:1

Mi confianza en Ti no solo trae bendiciones y paz,
también me cambia para bien. Una vez fui vulnerable
al temor y a la preocupación. Traté de combatir estas
debilidades haciéndome cargo de mi propia vida y
encontrando mi camino por mi cuenta. Yo era responsable
de mí misma, cuidaba de mí. A menudo fallaba, y en
respuesta al fracaso, creí que no era lo suficientemente
fuerte o lo suficientemente inteligente. *Algo debe andar*
mal conmigo, pensaba, y así era. Había puesto mi fe en
la persona equivocada. Por mi cuenta estoy destinada
al fracaso. Ahora que he puesto mi confianza en Ti, no
puedo fallar, por cuanto Tú siempre eres el vencedor, y este
conocimiento me hace fuerte donde una vez fui débil.

Las características de la virtud

A ser prudentes, castas, cuidadosas de su casa,
buenas, sujetas a sus maridos, para que la
palabra de Dios no sea blasfemada.

Tito 2:5

Mucho se pedía de las mujeres en los primeros días
del cristianismo. Se esperaba que Tus seguidoras se
comportaran según las normas más elevadas para servir
como ejemplos de fe, para que tanto sus esposos como
Tú no fueran blasfemados por las acciones de ellas. Habían
de guiar a las demás mujeres a la fe por medio de sus vidas
diarias. Algunas fueron más allá sirviendo como ejemplos,
apoyando y siendo un complemento a Tu obra y a Tus
discípulos. Señor, quiero ayudar a traer a otras a Ti para ser
juzgada como una mujer virtuosa por amor a Ti, no por
cualquier gloria que pudiera recibir yo. Úsame como creas
conveniente, porque considero un honor cualquier trabajo
que me des.

Una casa de oración

*Porque mi casa será llamada casa
de oración para todos los pueblos.*

Isaías 56:7

Aunque este versículo se refiere a Tu templo, también se
aplica a nuestras propias casas, las cuales deben servir como
casas de oración para nuestra familia y nuestros amigos.
Unos cuantos minutos de entrar a una casa, el espíritu de
la casa se hace evidente. Algunas están llenas de luchas
y conflicto. Otras son pacíficas pero se sienten vacías,
totalmente seculares. Puede que la casa del cristiano sea
silenciosa o ruidosa, pero la presencia del Espíritu Santo
será obvia. Señor, quiero que mi casa sea Tu casa. Puede
que la cena se queme, que los niños estén fuera de control,
pero en medio de todo ello, nuestra casa puede ser una
casa de oración, un lugar de consuelo y paz, y refugio para
aquellos en necesidad. Ayúdame a hacer de nuestro hogar
una bendición para todos los que entren por su puerta.

Guardando el castillo

La mujer virtuosa es corona de su marido.

PROVERBIOS 12:4

Dicen que la casa de todo hombre es su castillo, un bastión, un lugar de refugio al final de un mal día. Les ofrece seguridad a la esposa y a los hijos de un hombre cuando este está fuera, para que él pueda hacer su trabajo sin tener que preocuparse por ellos. Por encima de todo, es el único lugar en la tierra donde él puede hacer lo que le plazca, donde puede gobernar como un monarca (confiamos en que sea uno benevolente). O al menos así debe ser. Las esposas pueden ya sea sustentar este castillo o socavar sus cimientos. Una esposa virtuosa mantiene el castillo en buen estado y por medio de sus acciones, provee de una corona a su afortunado esposo. Ayúdame a darle a mi esposo la ayuda y el apoyo que necesita. Su vida es dura, y él merece vivir en una atmósfera de amor y seguridad.

Desperdiciando el tiempo

Engañosa es la gracia, y vana la hermosura;
la mujer que teme a Jehová, esa será alabada.

PROVERBIOS 31:30

Sé que los amigos van y vienen, sean estos ricos y poderosos o simplemente personas comunes y corrientes. Rara vez vale la pena el problema de tratar de congraciarse con las "personas indicadas". No tienen nada de lo que quiero y siempre cambiarán de amigos, porque no tengo nada de lo que quieren. De manera similar, la búsqueda de belleza personal es una pérdida de tiempo. Tal vez pueda esconder el paso de los años por algún tiempo, pero al final las arrugas prevalecerán. Ayúdame a invertir mi tiempo precioso en actividades más dignas, Señor, que ofrezcan una satisfacción duradera. No estoy segura de qué me pedirás, pero estoy dispuesta a intentar todo lo que me recomiendas y a darte toda la alabanza que resulte de ello, pues te pertenece a Ti.

Los celos

∞

Y su rival la irritaba, enojándola y entristeciéndola,
porque Jehová no le había concedido tener hijos.

1 Samuel 1:6

Ana era estéril, pero la segunda esposa de su esposo no lo era y aprovechaba cada oportunidad para hacer alarde de su fertilidad y atormentar a Ana. Parte del problema era que Elcana amaba a Ana más que a la esposa que le había dado hijos. El pobre hombre estaba atrapado en medio. Ambas mujeres estaban celosas y amargadas, la una porque no podía tener hijos, la otra porque era la segunda en el corazón de su esposo. Los celos son una trampa en la que es tan fácil caer, Señor. Envenena una casa y distorsiona la realidad hasta que desaires imaginarios se convierten en dolorosas heridas. Guárdame de los celos aun cuando sea el objeto de tanta provocación como lo fue Ana, o esté tan amargada como lo estuvo Penina. Estos no sirven a ningún propósito útil y me hacen incapaz de hacer Tu voluntad.

El voto

E hizo voto, diciendo: Jehová de los ejércitos,
si te dignares... y... dieres a tu sierva un hijo varón,
yo lo dedicaré a Jehová todos los días de su vida.

1 Samuel 1:11

Los votos que se hagan a Ti deben cumplirse, Padre.
Tú no solo Te acuerdas de las promesas que nos haces a
nosotros, jamás olvidas las promesas que Te hacemos a Ti.
Ana entendía las consecuencias de su voto: Una vez que
Samuel fue destetado, él tendría que dejarla y vivir en el
templo. Ella solo lo vería en el sacrificio anual, cuando le
daría una túnica para el año venidero. A pesar del dolor
que este voto le traería, Ana todavía deseaba un hijo y
cumplió su voto. Ayúdame a tratar mis votos a Ti con la
misma seriedad con que Ana lo hizo, Señor. Si se requiere
sacrificios de parte mía, permíteme llevarlos con fe.

El voto sigue en pie

*Dio a luz un hijo, y le puso por nombre Samuel,
diciendo: Por cuanto lo pedí a Jehová.*

1 SAMUEL 1:20

Ni Ana ni Elcana olvidaron la promesa que Te hicieron
a Ti. Cuando su bebé fue destetado, él iría al sacrificio
anual con sus padres para nunca más volver a su hogar. Él
era muy pequeño, pero ellos confiaban en que Elí se haría
cargo de él. Ana y Elcana solo verían a su bebé una vez
al año cuando vinieran al templo. Estos padres debieron
haber temido grandemente la llegada de ese día, pero
Tú los habías bendecido con un hijo, un hijo que habían
dedicado a Tu obra, y ellos estaban preparados para
verlo proseguir haciendo Tu voluntad. Cuando llegue el
momento en que yo entregue a mis hijos a Tu cuidado,
dame la valentía para hacerlo con tanta gracia como Ana
entregó a Samuel.

El sacrificio

*Por este niño oraba, y Jehová me dio lo que le
pedí. Yo, pues, lo dedico también a Jehová;
todos los días que viva, será de Jehová.*

1 SAMUEL 1:27-28

Samuel fue destetado. Ana y Elcana llevaron sus
sacrificios al templo, y Samuel fue parte de ese sacrificio.
Lo llevaron al sumo sacerdote y lo entregaron a la obra de
Dios. Ana no estaba tan disgustada como podríamos haber
imaginado. "Mi corazón se regocija en Jehová", oró. "Mi
poder se exalta en Jehová" (1 Samuel 2:1). Ana cumplió su
voto con gozo. Una oración contestada siempre es causa de
gozo. El Señor había escuchado las oraciones de Ana, y Ana
cumplió su voto, conforme con dar a su hijo al cuidado de
Elí. Que yo cumpla mis votos con tanta felicidad como lo
hizo Ana, Señor.

Débora

Iré contigo; mas no será tuya la gloria
de la jornada que emprendes, porque en
mano de mujer vencerá Jehová a Sísara.

JUECES 4:9

Barac guiaría a los israelitas contra Sísara, el comandante de los cananeos con una condición: que Débora fuera con él. Débora estuvo de acuerdo de buena gana pero le advirtió a Barac que esta batalla no la ganaría él, sino una mujer. Habla a su favor el hecho que Barac no protestó ante Tu voluntad. Hay varias mujeres extraordinarias en Tu Palabra, Padre, todas obedientes a Tus mandamientos, todas mujeres fuertes. Espero que nunca se me llame a la guerra, ni a mis hijos, y que protejas a las mujeres que hoy sirven en nuestras fuerzas armadas. Han elegido una vida difícil estas hermanas de Jael, pero las harás tan fuertes y valientes como los hombres con quienes sirven en el campo de batalla.

Jael

*Jael... tomó una estaca de la tienda, y poniendo un
mazo en su mano, se le acercó calladamente y le metió
la estaca por las sienes, y la enclavó en la tierra, pues
él estaba cargado de sueño y cansado; y así murió.*

JUECES 4:21

Esto parece ser una forma brutal de ganar una guerra,
pero ¿qué otra arma tenía Jael a su alcance en su tienda?
Ella usó lo que tenía. Sísara se había equivocado al pensar
que Jael era una mujer indefensa, pagando cara su falta de
juicio. Tú sabes que a menudo se subestima a las mujeres,
Señor. Algunas veces se nos llama para usar lo que tenemos
a mano para protegernos y para proteger a nuestra familia
o hacer Tu voluntad en algún otro asunto. Preferiríamos
vivir una vida de paz, pero cuando debemos luchar por
aquellos a quienes amamos, nos das la fuerza para hacer lo
inimaginable.

La madre de Sísara

La madre de Sísara se asoma a la ventana, y por entre las celosías a voces dice: ¿Por qué tarda su carro en venir? ¿Por qué las ruedas de sus carros se detienen?

JUECES 5:28

La madre de Sísara desempeñó el papel que la mayoría de las mujeres desempeña en la guerra: se quedó en casa y esperó por el retorno de su hijo. Pero se demoraba demasiado y ella se preocupó. De las tres mujeres en esta historia, el papel de ella es el más difícil. Débora tuvo Tu apoyo activo y sabía que la victoria sería Tuya. Tú ayudaste a Jael a levantarse por encima de su temor y matar a su enemigo. Pero esa noche la madre de Sísara lloraría la muerte de su hijo, y debemos acompañarla en el sentimiento, porque entendemos su dolor demasiado bien. Consuela a todas las esposas y las madres que están sentadas esperando, Señor, sin importar de qué lado luchan sus seres queridos. Dales Tu consuelo si llega la terrible noticia.

La victoria

Así perezcan todos tus enemigos, oh Jehová; mas los que
te aman, sean como el sol cuando sale en su fuerza.

Jueces 5:31

En esta batalla en particular, Tú estuviste categóricamente
del lado de aquellos que Te aman, y desempeñaste un papel
activo en el resultado. Tus soldados brillaron como el sol
cuando sale en su fuerza; no podían perder. A menudo,
nuestras batallas hoy no son tan netamente definidas. Puede
que ambos lados afirmen contar con Tu apoyo y Tu guía,
avanzando con confianza y fe a una batalla donde la victoria
o la derrota pueden ser igualmente confusas. No siempre
es posible ser tan fuertes y estar tan seguros en la fe como
Débora y Jael; algunas veces debemos llorar junto con la
madre de Sísara. Todo lo que podemos hacer es defendernos
cuando debemos hacerlo, y orar por Tu ayuda, sabiendo que
escuchas el llanto de todas las mujeres que se ven envueltas
en la guerra.

La suegra

~~~
*Y Noemí dijo a sus dos nueras: Andad, volveos
cada una a la casa de su madre; Jehová haga
con vosotras misericordia, como la habéis
hecho con los muertos y conmigo.*

RUT 1:8
~~~

El desastre había golpeado a la familia, matando al esposo
y a los dos hijos de Noemí, y dejándola a ella y a sus dos
nueras para que se valieran por sí mismas. Noemí regresaría
a su propio país, pero no podía sustentar a sus nueras, así
que les rogó que regresaran a la casa de sus padres, donde
Tú les proveerías nuevos esposos. Noemí estaba destinada a
una vida dura y cruel. Era demasiado anciana para volver a
casarse y viviría al margen de la sociedad. Se mantuvo
compuesta y las despidió para el propio bien de ellas. La
vida de una viuda es dura, Señor, pero Tú siempre provees
para las necesidades de Tus seguidoras, y tenías un plan
para Noemí y para Rut.

Rut la viuda

A dondequiera que tú fueres, iré yo,
y dondequiera que vivieras, viviré.
Tu pueblo será mi pueblo, y tu Dios mi Dios.

RUT 1:16

O rfa siguió el consejo de Noemí, y regresó donde sus padres, pero Rut se negó a hacerlo. Ella se quedaría con Noemí y la ayudaría a sobrevivir. Era joven y fuerte. Había trabajo que ella podía hacer. Incluso trabajaría recogiendo espigas de los campos luego de la cosecha si hubiera necesidad, aun cuando eso significaba que los segadores la echarían y los dueños de los campos la tratarían como a una ladrona. De uno u otro modo, ellas no morirían de hambre. Las viudas tienen que tomar decisiones difíciles como esta cada día, Señor. Totalmente solas, sin nadie excepto Tú que cuide de ellas, trabajan en empleos que nadie más quiere, por una paga que apenas si las alimenta. Ayúdalas a satisfacer sus necesidades; dales la esperanza que consoló a Rut.

La desesperación de Noemí

No me llaméis Noemí, sino llamadme Mara; porque en grande amargura me ha puesto el Todopoderoso. Yo me fui llena, pero Jehová me ha vuelto con las manos vacías.

RUT 1:20–21

Si bien Rut tenía fe en el futuro, Noemí no. Sus amigos de la niñez la volvieron a recibir, pero ella rechazó sus palabras amables. Ella dijo que Tú le habías asestado un golpe que ella no pudo soportar; la pérdida de su esposo e hijos la había hecho una mujer amargada. Era demasiado anciana para sobrevivir, aun con la ayuda de Rut. Algunas veces me siento igual, Señor. Aun si tengo alimento y refugio, el gozo se ha ido de mi vida y me ha dejado vacía y enojada. En momentos como estos, necesito que me tranquilices diciéndome que nunca me darás una carga sin que me ayudes a llevarla. Sé mi hombro fuerte, mi esperanza de un futuro mejor.

Booz y Rut

He sabido todo lo que has hecho con tu
suegra después de la muerte de tu marido.

RUT 2:11

La historia de Noemí y Rut se estaba haciendo conocida en la zona. Booz, un pariente del esposo de Noemí, le permitió a Rut recoger espigas en sus campos, asegurándose de que los segadores deliberadamente dejaran suficiente grano tras ellos para que las dos mujeres a las que había llegado a admirar pudieran alimentarse. Con el tiempo llegó a amar a Rut como mujer. Se casaron y ella le dio un hijo, quien sería el abuelo de David y el ancestro de Jesús, Tu Hijo. Señor, todo lo que hago tiene el potencial de ser parte de Tu plan para el mundo. No conozco los efectos de mi vida ahora; como que voy tropezando y espero lo mejor. Pero Tú tienes un plan, y ese plan es bueno.

INSIGHT ⊙ GUIDES

CUBA
POCKET GUIDE

⊙ Walking Eye App

YOUR FREE EBOOK AVAILABLE THROUGH THE WALKING EYE APP

Your guide now includes a free eBook to your chosen destination, for the same great price as before. Simply download the Walking Eye App from the App Store or Google Play to access your free eBook.

HOW THE WALKING EYE APP WORKS

Through the Walking Eye App, you can purchase a range of eBooks and destination content. However, when you buy this book, you can download the corresponding eBook for free. Just see below in the grey panel where to find your free content and then scan the QR code at the bottom of this page.

Destinations: Download essential destination content featuring recommended sights and attractions, restaurants, hotels and an A–Z of practical information, all available for purchase.

Ships: Interested in ship reviews? Find independent reviews of river and ocean ships in this section, all available for purchase.

eBooks: You can download your free accompanying digital version of this guide here. You will also find a whole range of other eBooks, all available for purchase.

Free access to travel-related blog articles about different destinations, updated on a daily basis.

HOW THE EBOOKS WORK

The eBooks are provided in EPUB file format. Please note that you will need an eBook reader installed on your device to open the file. Many devices come with this as standard, but you may still need to install one manually from Google Play.

The eBook content is identical to the content in the printed guide.

HOW TO DOWNLOAD THE WALKING EYE APP

1. Download the Walking Eye App from the App Store or Google Play.
2. Open the app and select the scanning function from the main menu.
3. Scan the QR code on this page – you will then be asked a security question to verify ownership of the book.
4. Once this has been verified, you will see your eBook in the purchased ebook section, where you will be able to download it.

Other destination apps and eBooks are available for purchase separately or are free with the purchase of the Insight Guide book.

TOP 10 ATTRACTIONS

MUSIC
In various traditional styles, live music can be heard all over the island. See page 45.

BARACOA
A picturesque coastal town in the far east of Cuba. See page 81.

PLAZA DE LA CATEDRAL
An impressive stage set at the heart of the Old City of Havana. See page 28.

BEACHES
Beautiful white-sand beaches abound, from Varadero to Playa Esmeralda, Playa Ancón to Cayo Largo.

CASA MUSEO DE ERNEST HEMINGWAY
Where things remain just as the author left them. See page 45.

EL MORRO
Santiago's well-preserved fort. See page 79.

CAMAGÜEY
The streets and squares of Cuba's third city have been restored to their former glory. See page 68.

THE PRADO
Grand old buildings flank the loveliest avenue in Old Havana. See page 38.

TRINIDAD
Frozen in time, this city is an enchanting colonial gem and a World Heritage Site. See page 62.

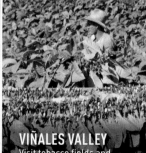

VIÑALES VALLEY
Visit tobacco fields and mogotes. See page 50.

A PERFECT DAY

8.00am

Breakfast

Fortify yourself for the day ahead with a good breakfast at your hotel or *casa particular*. Tuck into tropical fruits, such as mango, papaya or guava, sliced or juiced, followed by eggs, bread and local honey or jam.

9.00am

Parque Central and Capitolio

Start at the centre around the Parque. Admire the magnificent Gran Teatro, Hotel Inglaterra and imposing Capitolio. Visit the Museo Nacional de Bellas Artes to see Latin America's largest collection of antiquities, as well as works by Goya, Rubens and Turner.

11.30am

Plaza de Armas to Plaza Vieja

Walk to the Plaza de Armas, stroll round the second-hand book market and visit the Museo de la Ciudad. Head down Calle Oficios, taking in the car museum, to Plaza San Francisco and on to the beautifully restored Plaza Vieja.

11.00am

Cathedral

Visit the Cathedral where Columbus' bones once resided and have coffee at El Patio restaurant in the Plaza, a magnificent colonial square with street entertainers.

1.00pm

Lunch

On the southwestern corner of Plaza Vieja is a restaurant and bar, Cervecería Taberna de la Muralla, which has its own organic microbrewery. A cold beer here is very refreshing and you can sit outside in the square to enjoy the view or relax inside and admire the copper brewing tanks.

IN HAVANA

4.00pm

Casa de la Música Galiano
From the Parque Central, walk five blocks down
Neptuno to Galiano, where you'll be able to catch a
performance (5–10pm) at this live-music venue, with
bars, a huge dance floor and a well-stocked music shop.

2.00pm

Bus tour
Return to the Parque
Central to hop on the
HabanaBusTour, which
runs all day. One route
travels from the Avenue
del Puerto to Vedado,
Plaza de la Revolución
and Miramar (T1), while
another takes you out
past the fortresses to
Playas del Este (T3).
You can get off at any
stop and rejoin another
bus later.

10.00pm

On the town
Get a taxi to Vedado for
a great evening of jazz.
At La Zorra y el Cuervo,
Avenida 23, between
N and O streets, the
entrance is through a
red British telephone
box. If you want a table,
get there before 11pm
when things start to hot
up. This is a popular
place with top-class jazz
musicians and the crowd
shows its appreciation.

8.00pm

Dinner
While in Centro Habana, you can get a memorable
meal at one of several *paladares*, such as La Guarida
(see page 108), advance booking essential. Service
is leisurely, enabling you to linger until the nightlife
gets going.

CONTENTS

📘 INTRODUCTION 10

🏛 HISTORY 14

🏙 WHERE TO GO 25

Havana (La Habana) 25
Old Havana (La Habana Vieja) 27, New Havana 40, Havana's
outskirts 45

Pinar del Río Province 48
Pinar del Río 49, Viñales 50, Islands north & south 52

Matanzas Province 54
Varadero 54, Matanzas and Cárdenas 56, Zapata Peninsula 58

Central Cuba 59
Cienfuegos 60, Trinidad 62, Around Trinidad 65, Sierra del
Escambray 66, Sancti Spíritus 66, Santa Clara 66, Cayo Coco and
Cayo Guillermo 67, Camagüey 68, Playa Santa Lucía 70

Oriente: The East 71
Holguín Province 72, Santiago de Cuba 73, Around Santiago 78

Guantánamo Province 81
Baracoa 81

😃 WHAT TO DO 85

Entertainment 85
Shopping 93

Sports _____ 97
Cuba for children _____ 98

🍴 EATING OUT _____ 100

👜 A–Z TRAVEL TIPS _____ 111

🛏 RECOMMENDED HOTELS _____ 133

📖 INDEX _____ 142

⊙ FEATURES

The face of Cuba _____ 10
Che and Fidel: brothers in revolution _____ 18
The Bay of Pigs invasion _____ 20
Historical landmarks _____ 23
Santería: the cult of the gods _____ 33
Ernie and Graham: literary footprints _____ 46
'Gitmo' _____ 81
A musical melting pot _____ 87
El puro: the Cuban cigar _____ 95
Calendar of events _____ 99

INTRODUCTION

The largest island in the Caribbean, Cuba is blessed with pristine beaches, fascinating old cities with myriad architectural styles, Latin music with hip-swivelling rhythms, a surfeit of rum and the world's finest hand-rolled cigars.

For much of the 20th century, Cuba occupied a leading role on the world stage wholly disproportionate to its small size and lack of economic clout. From the overthrow of the dictator Fulgencio Batista at the end of 1958 to Fidel Castro's tenacious hold on power and declarations of socialism, this small Caribbean nation has assumed near-mythical status as a living laboratory of social experimentation, political defiance and a people's perseverance.

LEGACY OF THE REVOLUTION

For nearly half a century a combative Fidel Castro weathered the opposition of the US government and the hostility of Cuban exiles in Miami. His successor, his brother Raúl, continued his legacy with a few modifications (Raúl himself was succeeded as president by Miguel Díaz-Canal in 2018, although his vision and influence endure). The Cuban people have been required

⊙ THE FACE OF CUBA

Cuba's 11.3 million people have a distinctively mixed heritage that reflects the twists and turns of the island's history. Black slaves, Spanish and French immigrants and Chinese labourers have all made Cuba their home. During the last 200 years the various ethnic groups have interbred and today most Cubans are *mulatos* (mixed race).

to make repeated sacrifices in the face of the American trade embargo and the collapse of the Soviet Union with its support and trade. Despite all this, Cuba is still standing.

As one of the last Communist hold-outs in the world, this nation is a true curiosity. With much of the rest of the planet racing ahead at a dizzying digital pace, Cuba crawls along in slow-motion. While internet access is improving, very

Cuban women in colourful outfits

few Cubans have it at home. Behemoth vintage American cars from the 1940s and 1950s, patched and propped up, lumber down the streets of dimly lit cities. In rural areas cars give way to oxen-led carts, horse-drawn buses, Chinese bicycles and pedicabs.

Cuba is inseparable from the international politics of the latter half of the 20th century. Children are sworn in at the age of six to become Young Communist Pioneers. Throughout the country giant billboards proclaim *'Socialismo o Muerte'* ('Socialism or Death') and *'Viva la Revolución'* ('Long Live the Revolution'). Portraits of Che Guevara, the 1960s revolutionary martyr, are plastered on the walls of shops, offices and homes.

CUBAN REALITY

Everything has always creaked and spluttered in hard-pressed Communist Cuba. The economy thrives or falters in line with world trends, hampered additionally by the US trade embargo

School children in Havana

(which remains in place pending further reforms by the Cuban government) and hurricane damage. Many families continue to live in overcrowded conditions in run-down housing, and the average wage for someone who works for the state is the equivalent of US$25 a month.

In the early 1990s Castro needed to reorganise the economy after the collapse of the Eastern Bloc which had formerly subsidised Cuba. In 1993 it became legal for Cubans to hold US currency. Much of the economy was given over to the almighty dollar, with many products and foodstuffs available only in dollar stores. Those with access to US currency soon had the advantage, and a decade later there was a deepening split between the haves and have-nots. Castro was forced to take action to halt the division, declaring that all foreign currency had to be exchanged for *pesos convertibles*, with a steep tax on converting US dollars. In 2013 the government issued plans to unify the two currencies, but a timescale has still not been announced.

The glaring deficiencies of the Cuban economy and needs of the Cuban people are impossible to ignore. Cubans also enjoy no real freedom of speech, press or travel outside the country, although some restrictions have been relaxed since Fidel Castro's death. Still, one doesn't see the heart-wrenching poverty in Cuba common in other parts of Latin America.

Housing is provided by the state and while Cubans don't get nearly enough with their ration books, they have something to eat. All Cubans are entitled to free health care and education. Average life expectancy rose from 57 years in 1958 to 79 years in 2017 – the 32nd highest in the world.

Cuba's dilapidation, poverty and restrictions only serve to highlight the indomitable spirit of the Cuban people. They are blessed with a remarkable resilience, forbearance and joy that no economic hardship seems capable of diminishing. Cubans are as hospitable a people as you'll find, inviting visitors into their cramped homes given half a chance.

PARADISE ISLAND

In dire need of hard currency, Cuba has embraced tourism, which is now the country's top revenue earner. It's obvious why; for many Cuba is primarily an idyllic sun-and-sea bolt-hole. The white sandy beaches are dazzling, with the long shores of Varadero the best known. Amateur sailors appreciate the countless natural harbours, anglers search for marlin off the coast, while scuba divers explore reefs and sunken wrecks.

Most travellers opt for package tours, but Cuba's diversity tempts independent travellers away from the sea and sand. In the island's eastern corner is Cuba's highest mountain range, the Sierra Maestra, site of many uprisings; to the west, in Pinar del Río province, is the verdant Viñales Valley with its huge *mogotes*; and central Cuba has the lush Sierra del Escambray mountains and the old sugar-cane plantations.

Then there are the towns and cities. Havana combines fine Spanish colonial architecture, vibrant street life and a range of cultural opportunities; Trinidad, a gorgeous colonial-era gem; and Santiago de Cuba, a colourful Cuban cocktail of Spanish, French and African cultures.

A BRIEF HISTORY

When Christopher Columbus disembarked on eastern Cuba on 27 October 1492, he penned a note exclaiming that the land was 'the most lovely that eyes have ever seen'. Indigenous groups including the Ciboney from Central and South America had lived on the island since at least 3500 BC.

In 1511 Diego Velázquez sailed from neighbouring Hispaniola with some 300 conquistadors. Baracoa became the first of seven settlements across Cuba. Velázquez and his followers enslaved the native peoples and in the process exposed them to European diseases. Entire villages committed suicide, and by the mid-1500s the native population had declined from over 150,000 to just 3,000.

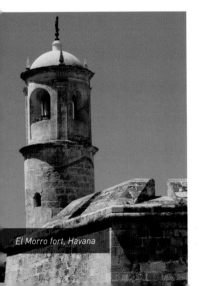

El Morro fort, Havana

PIRACY AND TRADE

Until the late 16th century, Cuba was a fairly insignificant Spanish colony. The port cities of Havana and Santiago de Cuba were heavily fortified to defend against pirate raids.

From the 17th century Havana became increasingly significant as a stopover point for treasure fleets. In 1762 British forces captured the city. They held it for only a year before returning it to Spain in exchange for Florida, but during this period trade was opened up to additional markets. A lucrative tobacco industry had taken hold in Cuba, and after 1763 the sugar industry skyrocketed. Though settlers brought the first African slaves to Cuba in the early 1500s, hundreds of thousands of African slaves were imported in the late 18th and early 19th centuries to meet the demands of the plantation industry.

Sugar island

By the middle of the 19th century, Cuba produced a third of the world's sugar and was considered one of the most valuable colonies in the world. Half a million slaves – nearly half the population – worked the plantations.

THE ROAD TO INDEPENDENCE

Spaniards born and raised in Cuba, known as *criollos* (creoles), managed the sugar-cane plantations but were excluded from the running of the country by Spain. During the 19th century some *criollos* (particularly in Oriente, the island's poorer, eastern region) became increasingly disenchanted and desired greater autonomy. On 10 October 1868 Carlos Manuel de Céspedes, a *criollo* plantation owner, issued a call for independence and liberated the slaves from his estate, La Demajagua. During the subsequent Ten Years' War (1868–78) 50,000 Cubans – including Céspedes – and more than 200,000 Spanish lost their lives. Cuba remained a colony of Spain, but the war contributed to the abolition of slavery on the island in 1886 and cemented national consciousness.

In 1895 José Martí, Cuba's most venerated patriot, led the next and most important uprising against Spain. Born in 1853 and exiled at 18 for his political views, Martí became a journalist and poet. From exile in the United States he argued

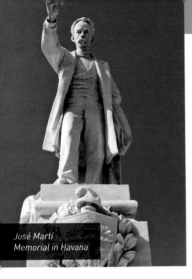

José Martí
Memorial in Havana

for Cuban independence. Martí was killed in an ambush during the War of Independence, which began in 1895 and in which some 300,000 Cubans lost their lives.

Throughout the 19th century the United States, keenly interested in Cuba's strategic significance and its sugar market, had become increasingly involved in Cuban affairs. A US purchase of the island from Spain had long been on the agenda, even though Martí had warned of the dangers of becoming a satellite of the United States.

In February 1898 the USS Maine was sunk in Havana's harbour, killing 260 people. Although it was most likely caused by an accidental explosion, the United States used the sinking as a pretext to declare war. US victory in the Spanish-American War came swiftly, with Spain surrendering its claim to the island. A US provisional military government lasted until 1902, when Cuba became an independent republic. But the country was still subject to US military intervention which many claim crippled true independence.

FALSE INDEPENDENCE

For the next 50 years the United States, the largest importer of Cuban sugar, dominated the island's economy and largely controlled its political processes. The period was rife with political corruption, violence and terrorism. After 1933 Fulgencio Batista, though only a sergeant, controlled the strings of power through a series of puppet presidents before winning the presidency outright in 1940. He retired in 1944 but returned by staging a military coup in 1952. His dictatorship made it possible for him to invest some $300 million abroad by 1959.

Since the 1920s disillusionment with the nascent repub-lic – with its clear dependence on the United States and its lack of political probity or social equality – had grown steadily. Although Cuba had the second-highest per capita income in Latin America, prosperity did not filter down from the upper classes. In fact, the World Bank in 1950 declared as many as 60 percent of Cubans undernourished. In Havana there was a greater concentration of millionaires than anywhere else in Central or South America, and the capital was dubbed 'an off-shore Las Vegas' for its brothels, casinos and gangsters.

THE ROAD TO REVOLUTION

On 26 July 1953, rebels attacked the Moncada Barracks in Santiago de Cuba. The assault failed, but it thrust into the limelight its young leader, Fidel Castro. Castro was imprisoned and put on trial in a closed hearing; his legendary two-hour defence speech, later published as *History Will Absolve Me*, became a revolutionary manifesto. Castro was incarcerated on the Isle of Pines (now called the Isla de la Juventud) until May 1955, when Batista granted an amnesty to political prisoners.

Castro then fled to Mexico. The following year he returned to southeastern Cuba with a force of 81 guerrillas (including Che Guevara) crammed onto a small yacht, the *Granma*. Only 15 reached the Sierra Maestra mountains safely. Incredibly, from such inauspicious beginnings the so-called '26 of July Movement' grew into a serious guerrilla army, aided in no small part by local

☉ CHE AND FIDEL: BROTHERS IN REVOLUTION

Ernesto 'Che' Guevara (*che* meaning 'mate' or 'buddy' in Argentine slang) is the official poster boy and martyr of the Cuban Revolution, idolised by Cubans. His dramatic, beret-topped visage is seen on billboards and photographs throughout Cuba. Born in 1928 in Argentina, Guevara trained as a doctor before embarking on nomadic treks through South and Central America with a pile of Marxist literature in his rucksack. He met Castro in Mexico in 1955 and for the next 10 years was Castro's right-hand man, as a guerrilla in the mountains then as director of the national bank (signing bills as, simply, 'Che'), minister of industry, and minister of the economy. In 1965, he abandoned Cuba for new causes. He was killed trying to foment revolt in Bolivia in 1967.

Fidel Castro – for 49 years the president of Cuba, secretary-general of its Communist Party and commander-in-chief of its armed forces – was born in 1926 and trained as a lawyer at the University of Havana. The world's youngest leader in 1959, Castro defied all expectations to become one of the longest-serving heads of state on the planet. Fidel, as he is known to all, was a towering but frustrating patriarchal figure to Cubans. Yet he remained, above all, El Comandante.

Fidel Castro died on 25 November 2016 in Havana, aged 90. His ashes were transported in a funeral convoy from the capital to Santiago de Cuba, retracing the route of his victory march in 1959, as hundreds of thousands of Cubans, many wearing t-shirts with the slogan 'Yo Soy Fidel' (I am Fidel), lined the streets to pay homage to their late leader.

peasants who were promised land reform.

Following a disastrous offensive by government troops on the rebels' mountain strongholds in 1958, and the capture of Santa Clara by Che Guevara and his men on 30 December, on 1 January 1959 Batista fled the country. The *barbudos* (the bearded ones) triumphantly entered Santiago, then marched into Havana one week later.

Castro by Guayasamin

FIDEL'S CUBA

Castro's fledgling government immediately ordered rents reduced, new wage levels set, and estates limited in size to 402 hectares (993 acres). A nationalisation programme followed, and the government expropriated factories, utilities and more land, including an estimated $8 billion of US assets. The foundations were set for near-universal state employment. At the same time, the government instituted programmes to eradicate illiteracy and provide free universal schooling and health care.

However, a centralised, all-powerful state didn't please all Cubans. The media were soon placed under state control, promised elections were never held and Committees for the Defence of the Revolution (CDRs) were established to keep tabs on dissenters. In the early years of the Revolution, tens of thousands of people suspected of being unsympathetic to its goals were imprisoned or sent to labour camps, along with such other 'undesirables' as homosexuals and priests.

Between 1959 and 1962 about 200,000 Cubans, primarily professionals and affluent landowners, fled the country. Expatriate Cubans settled in nearby Florida, establishing a colony that would steadily gain in political and economic power. Another 200,000 abandoned Cuba as part of the Freedom Flights Program between 1965 and 1973 and some 125,000 followed in 1980 when Castro lifted travel restrictions from the port of Mariel.

The US remained opposed to Cuba's political evolution and sought to isolate Castro in Latin America. In 1961 CIA-trained Cuban exiles attempted to overthrow Castro's regime, resulting in the Bay of Pigs fiasco. Soon after, Castro declared himself a Marxist-Leninist. Castro had not displayed any Communist inclinations in the 1950s, and some suggest that US aggression pushed him to ingratiate himself with the powerful Soviet Union and its Eastern bloc of trading partners.

In 1962 Soviet President Nikita Khrushchev installed 42 medium-range nuclear missiles in Cuba. US President John

☉ THE BAY OF PIGS INVASION

On 17 April 1961, a force of 1,297 Cuban exiles landed at Playa Girón. The Cubans were CIA-trained and came from US ships waiting offshore; US-piloted planes had bombed Cuban airfields days before. US participation was denied at every stage. Castro's 20,000 troops, assisted by artillery and tanks, repelled the invasion within 65 hours. Some 1,180 exiles were captured and ransomed for US$53 million worth of food and medicine. The victory boosted Castro's domestic and international status. Soon after, he declared Cuba a socialist, one-party state.

F. Kennedy responded by staging a naval blockade and insisting the existing missiles be removed. After six days of eyeball-to-eyeball challenge (or the 'Cuban Missile Crisis'), Khrushchev backed down in return for the withdrawal of US nuclear missiles from Turkey. The same year saw the imposition of a trade embargo by the US (which Cubans call the *bloqueo*), which still exists today.

una estrella
quien te puso aqui
y te hizo a

The ubiquitous image of Che

THE SPECIAL PERIOD

Until the end of the 1980s, Soviet trade and subsidies helped prop up Cuba's heavily centralised and often badly planned economy. But the subsequent dismantling of the Soviet Union left Cuba bereft of food, oil and hard currency. The government announced the start of a 'Special Period' in 1990, introducing new austerity measures and extending rationing.

With its economy in disarray, the government introduced a limited number of capitalist measures while maintaining a firm political grip. Foreign investment, in the form of joint ventures, was keenly encouraged.

Further measures, such as the legalisation of small enterprises in 1993 and the introduction of farmers' markets in 1994, improved the welfare of some Cubans. Life was still hard, however, and in August 1994 30,000 Cubans fled to Florida on makeshift rafts. Today, the harshest days of privation have receded.

A NEW ERA

Castro turned 80 in 2006, but had to hand power 'temporarily' to his brother, Raúl, while he underwent surgery. Poor health would continue to prevent Fidel from playing any prominent role in the country's political life. In 2008 Raúl was chosen as president of the Council of State and the Council of Ministers, and in November 2016 Fidel, Cuba's revolutionary leader, finally died at the age of 90.

Raúl Castro's first measures were to lift a range of restrictions on consumer spending for those with access to foreign currency. Cubans may now own mobile phones and DVD players, rent cars and stay in tourist hotels on the beach.

Putting public finances in order is a high priority. Agriculture has been decentralised, farmers given greater autonomy as part of a drive for greater efficiency and a plan introduced to unify Cuba's two currencies. The number of state employees is being drastically cut, while permitted categories of self employment have been widened. Rationing has been reduced with the aim of eliminating the ration system entirely.

The end of 2014 saw a thaw in US-Cuba relations as US President Barack Obama and Raúl Castro began a process of 'normalising' relations. Since then, President Donald Trump's threat to 'cancel' Obama's plans has not been an empty one: the ban on individual travel to Cuba has been reinstated, embassy personnel in Havana have been scaled back and 15 Cuban diplomats were expelled from the US in 2017 following allegations of sonic attacks on US embassy staff in Havana. Miguel Díaz-Canel, a staunch ally of Raúl Castro, became Cuban president in 2018 and will also replace Raúl as head of the party when he steps down in 2021. Though Díaz-Canel is not expected to make any drastic policy changes, the end of the Castro brothers' political hold and an unpredictable Trump in the US White House leave Cuba's path looking far from certain.

HISTORICAL LANDMARKS

1492 Christopher Columbus lands in eastern Cuba.

1511 Diego Velázquez begins Spanish settlement.

1519 Havana, founded in 1515, moved to its present site.

1868–78 Ten Years' War for Cuban independence – victory for Spanish forces.

1886 End of slavery in Cuba.

1895 War of Independence begins; José Martí killed.

1898 Sinking of the USS *Maine*; US defeats Spain, which surrenders Cuba to the US.

1902 Formation of the Republic of Cuba.

1933–58 Fulgencio Batista holds power as president.

1953 Fidel Castro launches failed attack on the Moncada Barracks.

1956–9 Cuban Revolution. Castro seizes power (1 January 1959).

1960 Castro's government nationalises all US businesses in Cuba without compensation.

1961 CIA-trained Cuban exiles defeated at the Bay of Pigs.

1962 Cuban Missile Crisis.

1990 Russian trade and subsidies disappear; new austerity measures begin.

1993 Economic reforms begin.

1994 Exodus of some 30,000 rafters to Florida; most are returned to Guantánamo Bay Naval Base.

2006 Fidel Castro undergoes surgery. Replaced temporarily by brother Raúl.

2008 Fidel Castro announces that he will not stand for president; Raúl Castro is elected.

2014 Presidents Castro and Obama trigger thaw of Cuban–US relations.

2015 US and Cuban embassies reopen.

2016 US President Obama visits Cuba. Fidel Castro dies.

2017 Trump presidency halts progress in improving relations. Hurricanes Irma and José batter Cuba, leaving a trail of devastation and 10 people dead.

2018 Miguel Díaz-Canel becomes president, and is set to replace Raúl Castro as party leader in 2021.

A street in Santiago de Cuba

 # WHERE TO GO

To the surprise of many first-time visitors, Cuba is no speck in the Caribbean. Nicolás Guillén, the nation's finest poet, described the island as a 'long green alligator'. Long it certainly is, at 1,250km (776 miles) from snout to tail. Nearly the size of England in terms of area, Cuba is divided into 14 provinces and incorporates some 450 offshore islands, known as cayos ('cays' or 'keys').

Given its size, you would need at least a month to explore Cuba fully. Most people begin their journeys in the capital, Havana, before heading to the prized tobacco lands further west and doubling back across the plains of sugar cane and some of the country's finest colonial towns in central Cuba. The eastern region, known as Oriente, has soaring mountains and Cuba's second and most vibrant musical city, Santiago de Cuba.

Resort hotels hug quintessential Caribbean beaches (mostly to the north) and although many package tourists stick to the coast, every region has charming, engaging towns, beguiling visitors to explore further.

HAVANA (LA HABANA)

The island's capital, **Havana ❶ (La Habana)**, with little over 2 million inhabitants, is one of the most intoxicating cities in the world. Ever since its early maritime days and through the 1950s – when gangsters who ran prostitution and gambling rackets made Havana synonymous with decadence – it has always held a slightly seedy, languorous allure. That nostalgic appeal is still evident.

Today Havana is a one-of-a-kind, fascinating study in decay and rebirth. Unrestrained ocean waves and salty sea spray have eroded elegant buildings and the seawall of the Malecón, the

Colonial buildings in Old Havana

sumptuous promenade and roadway that traces the edge of the sea. Throughout the city, crumbling houses three and four storeys tall, somehow still standing, line backstreets where children play stickball and adults survey the street from their balconies or doorways. In Old Havana, magnificently restored colonial palaces and stately Baroque churches and convents crowd pulsating squares. Once the finest colonial city in the Americas, Havana's grandeur has not been destroyed even by decades of crisis and neglect. No less defiant than Fidel Castro was himself, beneath the rubble this city is a living, breathing, vital and sensual creature.

Havana sprawls over more than 700 sq km (270 sq miles) and is divided into many districts. Those of greatest interest are Habana Vieja (Old Havana), Centro Habana (Central Havana), Vedado and – to a lesser extent – Miramar. The latter two districts are 20th-century residential and shopping barrios that extend west and south of the old city. While most areas within a neighbourhood can be covered comfortably on foot, passing from one to the other usually requires a taxi or *cocotaxi* (a buggy powered by a motorcycle engine).

OLD HAVANA (LA HABANA VIEJA)

The oldest section of Havana is the city's most spectacular, even if restoration work and gleaming coats of pastel colonial colours are leaving parts of it with a slightly more sanitised feel than the weathered working-class neighbourhoods that extend along the water and inland. As the location of the city's greatest historical sites, **Old Havana** is where you'll want to spend most of your time.

First founded in 1515 on the south coast, Havana was moved to this site along a vast natural harbour in 1519. During the 16th century a fleet of galleons laden with treasures used the port as a pit stop on the way back to Spain from the New World. By the late 16th century, pirate attacks prompted the building of extensive city defences – colossal forts, a chain across the harbour mouth, and prominent city walls – making Havana the 'Bulwark of the West Indies'.

The wealthiest residents lived with their slaves in grand mansions constructed in the *mudéjar* style, a Christian-Muslim architectural tradition dating from the Spanish medieval period. Cool courtyards bathed in penumbral light sheltered from the sun and street noise behind massive doors, slatted blinds, carved iron window bars *(rejas)* and half-moon stained-glass windows *(mediopuntos)*.

The presence of such architectural wonders, no matter how dilapidated, led Unesco to add Old Havana

Find that street

Cuban addresses usually include the street followed by a number. Helpful hints are also given: 'e/ ...' ('between the streets ...') or 'esq. ...' ('corner of ...').

(along with the city's early fortifications) to its World Heritage List in 1982. In the central tourist quarter buildings have been or are being spruced up, mainly with funds raised by the City Historian's Office, headed by Eusebio Leal Spengler. Once restored, the buildings are turned into hotels, museums and galleries, or become once more the splendid old shops they used to be. Many other buildings are propped up by wooden columns: their arcades, fluted pillars and mosaic tiles teetering on their last legs, awaiting their turn. At night, away from the main restaurant and bar areas, the darkness of the streets is punctuated only by the neon glow of television sets from tiny front rooms and the occasional headlights of gas-guzzling vintage Chevrolets and Plymouths, though much of the historical centre is now a pedestrian-only zone.

Havana's past lives on, evoked in part by legendary locations from the pages of popular novels and the lives of fiction writers. These include Graham Greene's **Hotel Sevilla**, where 'Our Man in Havana' went to meet his secret service contact, and Ernest Hemingway's favourite watering holes (El Floridita and La Bodeguita del Medio), as well as the **Hotel Ambos Mundos**, where he penned much of *For Whom the Bell Tolls*.

Old Havana is best experienced on foot, although you can also pick up a *bicitaxi* for a tour around the district with stops for photos.

Plaza de la Catedral

Havana's sumptuous **Plaza de la Catedral Ⓐ**, the focus of Habana Vieja life, could be a stage set. Tourists linger at El Patio's outdoor café, sipping coffee or mojitos and tapping their toes to Cuban *son*. The all-hours hubbub here is infectious. The glorious Baroque facade and asymmetrical belltowers of the late 18th-century **cathedral** are the square's top attraction. The church, begun by Jesuits in 1748, is a thing of beauty; one half expects its bells to erupt in triumphant song. Its interior is surprisingly plain, but it once held the remains of Christopher Columbus. Just south of the cathedral are superb colonial mansions with bright shutters and *mediopuntos*, and an attractive little cul-de-sac **(Callejón de Chorro)** where an Art Nouveau building houses the Experimental Workshop of Graphic Arts. You can watch artists at work and items are for sale.

Of particular interest in the Cathedral Square is the **Museo de Arte Colonial** (San Ignacio 61 e/ Empedrado y O'Reilly; Tue–Sun 9.30am–5pm; www.habanacultural.ohc.cu) housed in a handsome palace dating from 1622. Its most important occupant, Lieutenant Colonel Don Luís Chacón, lived there from 1726. Its little-altered architectural features are complemented by a large collection of 17th- and 18th-century

The cathedral with its Baroque facade

furniture and 18th- and 19th-century tableware, as well as a wonderful collection of historic fans.

Just round the corner, you'll find the atmospheric bar-restaurant **La Bodeguita del Medio** ❶ (Empedrado 207 e/ Cuba y San Ignacio; 8am–midnight), which according to Hemingway served Havana's finest mojito. Like pilgrims to Ernest's drinking shrine, all tourists seem required to pay their respects here and pay for an overpriced mojito. Art exhibitions are held down the street at the **Centro de Arte Contemporáneo Wifredo Lam** (San Ignacio, 22 esq. Empedrado; Mon–Sat 10am–5pm), named after Cuba's most famous 20th-century artist. Books, manuscripts and photographs of the country's best-known novelist are housed inside the **Fundación Alejo Carpentier** (Empedrado, 215 e/ Cuba y San Ignacio; Mon–Fri 8.30am–4.30pm; www.fundacioncarpentier.cult.cu; free).

Plaza de Armas

Plaza de Armas ❸, which surrounds a statue of the patriot Céspedes and is ringed by shaded marble benches and second-hand bookstalls, is Havana's oldest square. It dates to the city's founding in 1519.

On the square's eastern side a small neoclassical temple, **El Templete**, marks the spot where the first Catholic mass was celebrated in 1519. Next door is one of the city's most luxurious hotels, Hotel Santa Isabel. To the north, the squat but angular and moated **Castillo de la Real Fuerza** (Fort of the Royal Forces; Tue–Sun 9.30am–5pm) is one

A writer's tipples

'My mojitos at La Bodeguita, my daiquiris at El Floridita'– a personal declaration of drinks and where to have them, attributed to novelist Ernest Hemingway.

of the oldest forts in the Americas, begun in 1558.

The battlements afford views over the harbour, and the bronze *La Giraldilla* weather vane on one of the fort's towers – depicting a woman scanning the seas for her lost husband, an early Cuban governor – has been adopted as the symbol of the city and of Havana Club rum.

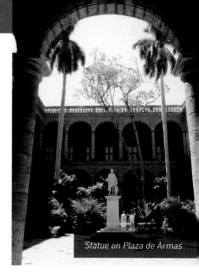
Statue on Plaza de Armas

In 1791 the seat of government and the governor's (or captain general's) residence were transferred from the fort to the newly built Baroque **Palacio de los Capitanes Generales** on the square's western flank. A magnificent structure that was the presidential palace and then the municipal palace until Castro seized power, it now houses the **Museo de la Ciudad de la Habana** (Museum of the City of Havana; Tue–Sun 9.30am–6.30pm; English-speaking guides). Beyond the courtyard with a statue of Columbus lies a succession of splendid marbled and chandeliered rooms, some housing old cannonballs and coaches, others decked out with gilded furnishings. The most hallowed room commemorates Cuba's 19th-century independence wars, with the first Cuban flag and venerated personal objects from generals of the day.

Calle Obispo

Running from Plaza de Armas to Parque Central, the pedestrianised **Calle Obispo** D is Old Havana's most important

Shopping in Calle Obispo

thoroughfare. Here you will find some smart shops catering to those with money to spend, and you can peer into the courtyards of Havana's oldest homes. Equally fascinating are the two parallel, partly residential streets – O'Reilly and Obrapía – where neoclassical and colonial buildings intermingle with decrepit tenements. Restored Old Havana now extends all the way to Plaza Vieja and along pretty much all of Calle Obispo.

At no. 155, Museo de la **Farmacia Taquechel** (e/ Mercaderes y San Ignacio; daily 9am–7pm) is a beautifully restored pharmacy dating back to 1896, with floor-to-ceiling mahogany shelves supporting a lovely collection of 19th-century porcelain jars containing herbal remedies and potions.

Close by, on the corner of Mercaderes and Obispo, is the refurbished 1920s-era **Hotel Ambos Mundos**; Hemingway lived on and off in room 511 for a couple of years during the 1930s. The room is kept as it was during his time here. Those not staying in the hotel can visit the room for a small fee, or go to the rooftop bar for cocktails and see the views over Old Havana.

Nearby are several museums worth visiting as much for the glorious colonial mansions that house them as for their contents. The striking lemon-yellow **Casa de la Obra Pía** (Calle Obrapía, 158 e/ Mercaderes and San Ignacio; Tue–Sat

9.30am–4.30pm; www.habanacultural.ohc.cu) is a 17th-century architectural wonder featuring a magnificent portal brought from Cadiz in 1686. There is a lovely courtyard and the rooms have been adapted to house a furniture museum. The owner, a member of one of Cuba's most important families, sponsored five orphan girls each year – an *obra pía* (work of piety) that lends its name to both the house and its street.

⊙ SANTERÍA: THE CULT OF THE GODS

Santería ('saint worship') is a syncretic religion derived from the Yoruba people in Nigeria and developed in Cuba by African slaves. Practitioners worship a complex pantheon of deities (*orishas*), each with a specific character and a parallel Catholic saint – a guise that allowed slaves to disguise the religion from their hostile owners.

Initiates are chosen by a particular *orisha*, and they will wear the specific coloured beads of that saint and maintain shrines in their homes. The saints are believed to exercise control over almost every aspect of a person's life, but to communicate with them on matters of great importance, believers need the assistance of a *babalao* (priest), who will throw shells and perform other rituals to learn of the saints' commands. Saints' days are celebrations featuring Afro-Cuban drumming and dancing.

Many Cubans have at one time practised the rituals of santería – even Castro, allegedly. While difficult to quantify, its popularity appears to be increasing. In many parts of Cuba, one can see people wearing the coloured beads of their saint – red and white for Changó, the powerful god of war, and blue and white for Yemayá, the goddess of the sea – and others dressed all in white for initiation rights 'to become sainted'.

The massive mansion opposite, nearly as impressive, houses the **Casa de África** (Obrapía 157; Tue–Sat 9am–5pm, Sun 9am–noon; www.habanacultural.ohc.cu), with pelts, drums, costumes, carved figures and furniture from some 26 African countries, as well as a collection of objects related to *santería*, the syncretic Afro-Cuban religion (see page 33) and various items related to Cuban slavery, such as manacles and traps.

On Calle Oficios at no. 16 lies the **Casa de los Árabes** (e/ Obispo y Obrapía; Tue–Fri 8.30am–4.30pm; free), a 17th-century Moorish-style building that displays carpets, robes and pottery, and contains Havana's only mosque (an ornate room upstairs). There's a lovely courtyard restaurant attached.

The streets of Havana are a living museum of chrome-finned wondercars imported during Detroit's heyday. Several that once belonged to pivotal Cuban figures – such as a 1918 Ford truck used by Fidel's father and Camilo Cienfuegos' Oldsmobile – are lined up in the **Museo del Automóvil** Ⓔ (Calle Oficios, 13 e/ Justiz y Obrapía; Mon–Sun 9am–5pm).

Further south along Calle Oficios is the splendidly restored **Plaza de San Francisco** Ⓕ, with upmarket restaurants and the imposing 18th-century **Convento de San Francisco de Asís** (daily 9am–6pm). The convent contains a museum of religious treasures and a beautiful cloister. Concerts are frequently held here. Nearby, you'll find several impeccable colonial-era houses with brilliantly coloured façades.

Plaza Vieja

Follow Calle Mercaderes to the fascinating **Plaza Vieja** Ⓖ (Old Square), which was originally conceived in 1587. It has received a massive facelift, with assistance from Unesco, and a neoclassical marble fountain gleams incongruously in the centre. On the south side, a fine 18th-century palace, known as **La Casona**, has been

converted into an arts centre; its balcony gives a lovely view of the plaza. On the southwestern corner is the **Cervecería Taberna de la Muralla**, an organic microbrewery with café and bar, offering welcome respite. In the northeastern corner, on the roof of a yellow-and-white wedding cake of a building, is the **Cámara Oscura** (Mon–Sat 10am–5.20pm), which gives up-close views of the city as well as wider vistas. The old backstreets here are full of character. Down Calle Cuba, between Sol and Luz, stands the renovated 17th-century **Convento de Santa Clara** (Mon–Fri 8.30am–5pm) that was once renowned as a refuge for dowerless girls.

By the railway station, between Calles Picota and Egido, is **Casa Natal de José Martí** (at Calle Leonor Pérez, 314; Tue–Sat 9.30am–5pm, Sun until 1pm), the modest birthplace of poet and statesman José Martí. The numerous personal effects on display here leave no doubt about the fact that Martí is Cuba's pre-eminent national hero.

The Capitolio Nacional

Capitolio

Calle Brasil (also called Teniente Rey) leads directly west from Plaza Vieja to the monumental **Capitolio** , reopened in 2018 following an extensive eight-year renovation (work continues on the southern section, due for completion by November 2019). It is currently visitable on a 15-person tour from Tuesday to Sunday. A replica of the American capitol in Washington, DC and completed in 1929, it reflects the period when Cuba was in the thrall of the United States. Its vast bronze doors pictorially chart the island's history, and the immense main gallery inside has a replica diamond in the floor beneath the dome, that marks the spot from which all distances in the country are measured.

Directly behind the Capitolio is the **Fábrica de Tabacos Partagás** (Partagás Cigar Factory; Industria, 520 e/ Dragones y Barcelona), renowned for churning out its famously strong cigars since 1845. The building is dilapidated and although you can still buy cigars in the small shop, they are no longer rolled here. The factory is now at San Carlos 812 in Centro Habana (tours Mon–Fri 9am–1pm). Real cigar smokers should resist the temptation to buy from the *jineteros* (hustlers) gathered outside. Bear in mind that customs regulations are tight: you're allowed to take home only 20 individual cigars without official receipt, and fakes (see page 95) are likely to be confiscated.

Just east of the Capitolio, on Parque Central near the classic Hotel Inglaterra, stands the magnificent **Gran Teatro de la Habana** Ⓙ, completed in 1837. The home of the Cuban National Ballet and Opera drips with ornate balustrades, shutters and sculpted columns. The cavernous interior is hardly less awesome but can only be visited during performances.

Those with the Hemingway bug can visit **El Floridita** Ⓚ (www.floridita-cuba.com), at the intersection of Calles Obispo and Montserrate, one block east of Parque Central. The writer immortalised the swanky bar in *Islands in the Stream*. A bronze statue of Papa now leans against the bar, his photos adorn the walls and his favourite daiquiri is now referred to as the 'Papa Hemingway', with double rum and no sugar (barmen claim he was diabetic). The place is a bit of a tourist trap, but is nevertheless capable of evoking the kind of hedonistic refuge expat writers adored.

On the same side of the Parque Central is the Art Deco **Museo Nacional de Bellas Artes** (www.bellasartes.co.cu; Tue–Sat 9am–5pm, Sun 10am–2pm; combined ticket available with the Arte Cubano collection). This building contains the **Arte Universal** Ⓛ collection, with Latin America's largest collection of antiquities, as well as works by Goya, Rubens and Velázquez, while a few blocks northeast on Trocadero is the **Arte Cubano** Ⓜ section, an excellent selection of works by Cuban artists such as Wifredo Lam, Carlos Enriquez and Eduard Abela, housed in the 1954 Fine Arts Palace. Many of the paintings in the Museo Nacional de Bellas Artes were left behind by ruling-class families who fled Cuba in 1959.

Opposite the Arte Cubano collection, housed in the grand presidential palace used by presidents (and dictators) between 1920 and 1959, is the **Museo de la Revolución** Ⓝ (daily 10am–5pm; English-speaking guides), one of Cuba's most interesting museums. Allow a couple of hours to see this exhaustive exhibition of the trajectory of the 1959 Cuban Revolution. Many of the worn exhibits feel like unashamed propaganda, but that's all part of the fascination. The most absorbing sections chart the struggle to power with countless maps, evocative photos of both torture victims and triumphal scenes, and assorted personal memorabilia from passports and worn-out shoes to Kalashnikov rifles and bloodstained clothes.

In the square outside is the *Granma*, the boat that carried Castro and his 81 rebels from Mexico to Cuba in 1956; it is now enclosed in glass, guarded by military police and surrounded by other revolutionary relics, such as a tractor converted into a tank and the delivery van used in the failed attack on the Presidential Palace in 1957.

The Prado

West of the oldest sections and intimate streets of Old Havana is an area of wide boulevards and grand palaces. The loveliest avenue, the **Paseo del Prado** Ⓞ (officially known as Paseo de Martí), runs from Parque Central to the sea and officially separates Old Havana from Centro. It was built in the 18th century as a promenade outside the old city walls. Grand but run-down buildings, with fading flamingo-pink and lime-green facades, and ornate columns, flank a raised promenade of laurels, gas lamps and marble

benches. In the 19th century, after the city walls collapsed, this was the most fashionable strolling ground for the city's wealthy. Now it serves as a minipark for *habaneros*, from musicians and roaming couples to children playing on homemade skateboards and go-karts, or practising baseball shots.

Havana's forts

Cuba's most impressive forts sit brooding over the capital's commercial harbour. Take a taxi through the road tunnel beneath the water to reach them. The older one, built at the end of the 16th century, is the **Castillo de los Tres Santos Reyes Magos del Morro** ℗, better known as 'El Morro' (daily 10am–7pm). The views of Havana over the defiant cannons are magical.

A building on the Prado

The vast **Fortaleza de San Carlos de la Cabaña ⓞ**, known as 'La Cabaña' (daily 10am–10.20pm), running beside the harbour, was constructed after the English capture of Havana in 1763. The largest fort ever built in the Americas, it is well-preserved, and the gardens and ramparts are romantically lit in the evening. A ceremony held at 9pm (El Cañonazo) re-enacts the firing of a cannon that marked the closing of the city gates.

NEW HAVANA

The walls surrounding Old Havana were razed during the 19th century to allow the city to expand westwards. The long, curvaceous and crumbling **Malecón** (breakwater), a six-lane highway and promenade alongside the city's north shore, links the districts of Centro and Vedado. The victim of harmful salt spray, the seafront drive is undergoing patchy renovation. Havana's youth congregate along the Malecón on fine evenings, flying kites, canoodling, swimming off the rocks and setting out to sea in giant inner tubes to fish.

Although most visitors will want to concentrate on historic Old Havana, the newer districts provide a fascinating view of the areas where most people live and work. The most interesting districts of **New Havana** are Centro and Vedado. The former is a congested, lower-middle-class *barrio* (neighbourhood) with few attractions, although a walk along its dusty streets can be an eye-opening experience. Vedado is the city's principal commercial and residential zone – the epicentre of middle-class Havana – with parks, monuments, hotels, restaurants, theatres and the University of Havana. Once the stomping ground of the elite in the 1950s, the 'suburb' of Miramar today is home to foreign companies investing in Cuba and numerous diplomatic missions of foreign governments.

Centro

Centro Habana (Central Havana) is a ramshackle residential and commercial area. The city's main shopping street, **Calle San Rafael**, traverses it from the Parque Central westwards. This might be Havana at its least guarded. You can stop to have your nails painted, or get a shave and a haircut, right there on the pavement. One of the private markets has overrun Havana's small

Eating out in Chinatown

Chinatown, at Calles Zanja and Rayo. A few Chinese restaurants selling Cuban-Oriental food are all that remain of what was once the largest Chinatown in Latin America in the 1950s.

The neighbourhood of **Cayo Hueso**, just behind the Malecón, is a rough-and-tumble *barrio* once populated by cigar-factory workers. Today the main reason to visit is to see **Callejón Hamel** , where the artist Salvador González has dedicated himself to preserving the area's Afro-Cuban culture. González's studio is here, and on Sunday at noon–3pm there are performances of Afro-Cuban ritual and rumba.

Vedado

Vedado is a respectable business district as well as a leafy residential area, spacious and orderly in comparison with Habana Vieja and Centro. It had its heyday in the 1940s and 1950s, when such gangsters as Meyer Lansky held sway in the Nacional, Riviera and Capri hotels. Stars like Frank Sinatra and Ginger Rogers performed, and American tourists emptied their wallets in glittering casinos.

The Revolution put the lid on the nightlife by banning gambling and deporting the Mafiosi. Today, new or refurbished hotels of international standard welcome travellers on business or for pleasure, and this is still the place to come for nightlife.

Business is centred on **La Rampa**, the name for Calle 23 from Calle L to the sea. Opposite the tower-block Hotel Habana Libre – the Havana Hilton in pre-revolutionary days – is the **Coppelia Ice Cream Park** . At this institution, locals queue for hours for the prized ice cream, ladling them into saucepans to take home. Foreigners can join the queue as well; payment is in *moneda nacional*. Coppelia was instrumental in the award-winning Cuban film *Fresa y Chocolate* ('Strawberry and Chocolate'), a daring film when it came out in 1994 which dealt with freedoms, homosexuality and revolutionary fervour in contemporary Havana (its title is a wry reference to the lack of choices of ice cream flavours – indeed, of all things – in Cuba).

A short walk up the hill brings you to the University of Havana, founded in the early 18th century, a quiet, attractive campus of neo-classical buildings.

Coppelia ice cream seller

Directly east on Calle San Miguel, 1159 between Calles Ronda and Mazón is the **Museo Napoleónico** (Tue–Sat 9.30am–5pm, Sun 9.30am–noon). The mansion holds not only Empire furniture but also a remarkable collection of Napoleonic memorabilia: portraits, busts and even his pistol, hat and a cast of his death mask from St Helena. The house and contents were appropriated by the state from a 19th-century sugar baron in 1960.

In the same year, the government acquired the **Museo de Artes Decorativas** (Calle 17, 502 e/ D y E; Tue–Sat 11am–6pm, Sun 9.30am–12.30pm), when its aristocratic owner fled the island, leaving her collection of fine art hidden in the basement. Each room in this grand 19th-century villa is furnished in a particular style: English Chippendale, Chinese, Baroque or Art Deco.

Massive marble mausoleums line the principal avenues of the **Cementerio de Cristóbal Colón ⊤** (Columbus Cemetery; entrance on Zapata y 12; daily 8am–5pm, guided tour), which is a vast city of the dead established in the late 19th century. Cubans come here

The iron sculpture of Che on Plaza de la Revolución

to pray and place flowers at the tomb of La Milagrosa ('The Miracle Worker'), who helps people in need. It is said that she was buried with her infant at her feet, but when their bodies were exhumed, the child was cradled in her arms.

Plaza de la Revolución

The **Plaza de la Revolución** U is a vast, stark concourse where political rallies are held; otherwise it is usually empty. The square is dominated by grim high-rise ministry buildings, erected in the 1950s by Batista, and the **José Martí Memorial** – a giant, tapering obelisk that looks like a rocket launch pad – with a pensive marble statue of Cuba's greatest hero and a **museum** about his life (Mon–Sat 9.30am–4.30pm). The obelisk's lookout gives superb panoramic views. Adorning the Ministry of the Interior building opposite is a giant iron sculpture-mural of Che, illuminated at night. South of Plaza de Revolucion at Calle 26, esq. Calle 11, is **Fábrica de Arte Cubano** V (www.fabricadearte-cubano.com; Thu–Sun 8pm–3am, Sun until 2am), a popular venue for concerts, art exhibitions, film screenings and much more that attracts trendy crowds of habaneros as well as savvy tourists.

Miramar

To the west is the exclusive district of **Miramar**. The villas of the pre-revolutionary rich, expropriated by the state, have now been turned into apartments or offices, but embassies along Avenida 5 still imbue the area with a privileged feel.

At the corner of Calle 14, the **Museo del Ministerio del Interior** (Tue–Fri 9am–5pm, Sat 9am–4pm) has some intriguing exhibits relating to CIA espionage, including code boxes concealed in briefcases, decoding equipment, a transmitter hidden in a fake rock and a range of explosive devices. It also documents dozens of the CIA's attempts to assassinate Fidel Castro. Don't miss the Russian Embassy, between Calles 62 and 66, which looks like a giant concrete robot.

Growing as an attraction, the 22m (72ft) long and 8m (26ft) wide **Maqueta de la Habana** (Calle 28, 113 e/ Avenida 1 y 3; daily 9am–6pm) is an intricate scale model of the city in astounding 1:1,000 detail. A visit to the Maqueta can help organise the city's neighbourhoods in your mind.

Also worth a visit is beautifully restored Casa de las Tejas Verdes (Green Roof Tiles House; Calle 2 no. 318 esq. 5ta Avenida; free tours by appointment) dating from 1926 and now housing a centre for promoting modern architecture and design. It organises interesting expositions, workshops and offers guided tours.

HAVANA'S OUTSKIRTS

Havana's sprawling suburbs contain a couple of places associated with Ernest Hemingway that are magnets for those seeking to trace the author's life in Cuba. From 1939 to 1960 he lived on and off in the **Finca Vigía**, now the **Casa Museo de Ernest Hemingway**

Casa de la Música

The Casa de la Música Música in Miramar is one of the best shows in town. This is where Cubans come to dance their hearts out to salsa and other rhythms played by live bands. And foreigners join in too.

⊙ ERNIE AND GRAHAM: LITERARY FOOTPRINTS

Ernest Hemingway's literary and personal footprints are as deep in Cuba as they are in Spain, and they've become part of the tourist fabric in both places. Hemingway wrote two books based in Cuba, *The Old Man and The Sea* and *Islands in the Stream*, and in large part he wrote *For Whom the Bell Tolls* (about the Spanish Civil War) from his hotel room in Havana. He was an island resident for two decades. Pilgrims can trace his life in Cuba at various sites, including Finca La Vigía, Cojímar, El Floridita, La Bodeguita del Medio and the Hotel Ambos Mundos. Despite chummy photos with Castro (they met at the annual Hemingway Fishing Tournament, which Fidel won), the writer's views on the Revolution are elusive, although all Cubans accept him as a fervent supporter. His views notwithstanding, it is certain that he identified with the Cuban people. Hemingway abandoned Cuba in 1960 and committed suicide shortly thereafter in Idaho.

Graham Greene's classic novel about Cuban intrigue, *Our Man in Havana*, was first published in 1958. Not only is it an evocative portrait of sleazy 1950s Havana, with scenes set in the Nacional and Sevilla hotels and the Tropicana nightclub, it's also eerily prescient, as the hero invents drawings of Soviet weapons hidden in the Cuban countryside, long before Castro aligned the country with the USSR. Greene was a great supporter of the Revolution, praising Castro, the war against illiteracy, the lack of racial segregation and the support of the arts. When he went to Cuba to do research for the book in 1958, he took supplies for Castro, who was secluded in the Sierra Maestra, in exchange for an interview that never took place. Greene's support wavered though when he learned of the Revolution's forced labour camps in the 1960s.

(Mon–Sat 10am–4pm, Sun 9am–1pm, closed when it rains). The house is 11km (7 miles) southeast of Havana in San Francisco de Paula, so you will have to take a taxi. The mansion looks much as Hemingway left it, but was meticulously renovated by a joint US-Cuban project to preserve the author's papers. Among the relics are 9,000 books, Hemingway's original Royal typewriter and innumerable bull-fighting posters and animal heads – mementoes from Spain and Africa. Visitors can only look in through the open doors and windows, but you get an excellent view of the large, airy rooms and their contents.

A bust of Ernest Hemingway

Hemingway kept the *Pilar* 10km (6 miles) east of Havana at **Cojímar**. Next to the little fort is a Hemingway bust, looking out over the bay. His captain and cook aboard the *Pilar* was the fisherman Gregorio Fuentes. Until his death at the age of 104 in 2002, Gregorio would regale visitors with tales of his hero. He always denied that he was Santiago, the title character in *The Old Man and the Sea*, but he did not dispute that it was in Cojímar that Hemingway found the inspiration for his famous novel. The little fishing village is now a concrete jungle and unrecognisable from Hemingway's description.

Approximately 18km (11 miles) east of Havana (20 minutes' drive), the long, sandy **Playas del Este** (Eastern Beaches) are a big draw for Cubans. They are the closest beaches to the capital and particularly lively on Sundays.

PINAR DEL RÍO PROVINCE

Due west of Havana is **Pinar del Río province**, Cuba's western-most region – a finger of land with the Gulf of Mexico to the north and the Caribbean to the south. It contains some of Cuba's most beautiful countryside among the lush Guaniguanico mountains and surrounding patchwork of verdant fields, where the world's finest tobacco is cultivated. In the beautiful Viñales Valley, tobacco fields *(vegas)* and ancient limestone formations *(mogotes)* produce spectacular scenery more reminiscent of Southeast Asia than the Caribbean. In this resolutely agricultural region, oxen pulling ploughs that till the red-earth fields and cowboy farmers *(guajiros)* on horseback are much more common than cars. Residents of Havana might think of it as a poor backwater, but the easy, almost somnolent pace and breathtaking country-side make it one of Cuba's certain highlights.

There are beaches and excellent diving further west, but for most visitors the star attractions are the irresistible little town of Viñales and its beautiful valley. Many visitors take organised daytrips to the region from Havana hotels, but an overnight stay in Viñales – overlooking the valley – is highly recommended. Start your explorations by driving west on the *autopista* (highway) linking Havana with the province's capital city of Pinar del Río. About 63km (39 miles) along the highway, a turnoff leaves the level, palm-dotted plains for **Soroa ❷**, where a richly endowed botanical garden nestles in the mountain foothills near a tourist complex. A guided tour reveals an orchid garden, lychee and mango trees, coffee plants and splendid specimens of *jagüey* and *ceiba* trees. There is a *mirador* (lookout) and a waterfall, while

Oxen ploughing the Viñales Valley

the restaurant in the newly renovated Villa Soroa-Castillo de las Nubes complex also has stunning views over the mountains.

PINAR DEL RÍO

At the end of the highway, 175km (109 miles) west of Havana, the small city of **Pinar del Río** ❸ is a busy commercial centre. Along the main street, Calle José Martí, low-rise neoclassical buildings in blues, yellows, greens and orange have a stately but dilapidated quality. You'll find a small, touristy tobacco factory, **Fábrica de Tabacos Francisco Donatien** (Maceo 157; Mon–Fri 7am–5pm, Sat 9am–noon; no photos allowed), housed in an old jail near the Plaza de la Independencia. Visitors are welcome here and at the less picturesque **Fábrica de Bebidas Casa Garay** (Isabel Rubio 189; Mon–Fri 9am–3.30pm, Sat 9am–12.30pm), where they make a local sugar cane and wild guava liqueur called *guayabita del Pinar*.

The road southwest from the city to San Juan y Martínez leads deep into tobacco's heartland – the **Vuelta Abajo** – where the world's greatest tobacco is grown. Amid fields of big green leaves ripening in the sun and plantations covered in white gauze sheets stand steep-roofed barns where leaves are hung on poles with a needle and thread and then dried, turning them from green to brown.

If you continue to the western tip of the island you come to the **Península de Guanahacabibes ❹**, a Natural Biosphere Reserve covering 1,175 sq km (730 sq miles). At La Bajada the road divides, heading west 52km (32 miles) to **Cabo de San Antonio**, where there is a small hotel and marina. Alternatively, 12km (7 miles) south of La Bajada at **María la Gorda**, on the eastern shore of the **Bahía de Corrientes**, there is a hotel offering some of the best diving in Cuba.

Some 27km (17 miles) to the north of Pinar del Río lies the most picturesque corner of Cuba. The deeply green **Viñales Valley** is spattered with *mogotes*, sheer-sided limestone masses covered in thick vegetation. These are the remnants of a collapsed cavern system that was created underwater at least 150 million years ago, in the Jurassic period. Tobacco (of slightly lesser quality than in the Vuelta Abajo) grows here in a patchwork of fields and dries in *bohíos*, constructed with shaggy thatch. Cigar-chomping *guajiros* in huge straw hats urge on their oxen, as vultures swoop overhead. At any time of day you can wander the fields and meet the farmers, who might even offer you a cigar.

VIÑALES

The little town of **Viñales ❺** is a pleasant, rural place, where colourfully painted, single-storey houses with porches line the straight streets.

Near the Cupet petrol station as you leave town heading north towards Puerto de Esperanza, is the delightful **Jardín Botánico**. The garden was first planted in the 1930s and has been maintained by the same family ever since. A guide will show you around the fruit trees and flowers and let you taste the produce (tip expected).

Nearby a couple of local tourist sights, on all the package excursions, have curiosity value but not much else. One limestone *mogote* just west of town was painted by local artists dangling on ropes in the 1960s with a **Mural de la Prehistoria** (Mural of Prehistory) – commissioned by Castro himself – that is 120m (370ft) high and 180m (550ft) long. The garish painting, an exercise in bad judgment and sloppy execution, depicts evolution from an ammonite to a dinosaur to advanced (and presumably socialist) *Homo sapiens*. All the creatures depicted were indigenous to the area. Eight kilometres (5 miles) to the north of town, the extensive **Cueva del Indio** (Indian Cave) was used as a hideout by Indians after the conquest. A tour through the cave includes a brief ride on an underground river in a boat (which would-be emigrants once stole for an unsuccessful escape attempt to Florida). Both mural and cave have tourist restaurants.

Viñales Valley and its mogotes

ISLANDS NORTH & SOUTH

Just off the province's north and south coasts are three contrasting islands. To the north, **Cayo Levisa ❻** is a small coral cay, about 3km (2 miles) long and just several hundred metres wide at most points, which has pristine beaches, clear waters and coral reefs. The island is a half-hour ferry ride from Palma Rubia (ferries leave at 10am and 6pm). There's a well-equipped diving centre, and overnight accommodation is available in the simple Villa Cayo Levisa bungalow complex, which has a restaurant and a bar.

On the other side of Cuba, stretching eastwards from Pinar del Río's southern coast, is the Archipiélago de los Canarreos. There are two main islands. **Cayo Largo ❼**, 25km (16 miles) long and the most easterly of the archipelago, might be your Caribbean paradise – if all you're looking for is a dazzling white beach and clear blue seas. Other than the kilometres of beaches, there's not much else of consequence here except mangrove, scrub and half a dozen comfortable all-inclusive hotels with a full programme of entertainment and watersports. Turtles nest in the sand at one end of the island. At the other you can go sailing, diving and deep-sea fishing or take a boat trip to **Playa Sirena**, an incomparable strip of sand a 10-minute

Mural de la Prehistoria

boat ride away, where lobster lunches are available.

Cayo Largo, with its captive tourist audience, is considerably more expensive than the mainland. Some package tourists spend the whole of their holiday on Cayo Largo. Those with low boredom thresholds might consider coming for the day or perhaps staying overnight, taking the half-hour flights from Havana and Varadero.

Inside Cueva del Indio

By contrast, the **Isla de la Juventud ❽** (Isle of Youth) sees few tourists except those at the rather isolated Hotel El Colony (on the Siguanea Bay, half way along the island's western shore), who come exclusively for the superb diving off the island's southwestern tip. Cuba's largest offshore island, some 50km (31 miles) in diameter, the Isle of Youth is not its prettiest. It is said to have been the location for Robert Louis Stevenson's *Treasure Island*; pirates once buried their booty here. The island received its jaunty name in the 1970s, when as many as 22,000 foreign students (mainly from politically sympathetic African countries) studied here in no fewer than 60 schools.

The island fails to live up to its colourful past. The number of foreign students has dropped to fewer than 5,000, and derelict boarding schools dot the monotonous countryside. However, there are plenty of beaches to be discovered, and in a series of caves at **Punta del Este** you can examine enigmatic symbols painted centuries ago by Ciboney Indians (restricted access).

For more accessible entertainment, **Nueva Gerona**, the island's little capital, is moderately attractive, with striped awnings along its smart, pillared main street.

MATANZAS PROVINCE

The province east of Havana – largely flat sugar-cane country – was in the 19th century Cuba's most important cane-producing region. For today's visitors, however, the focus is on the beach resort of Varadero, Cuba's biggest package tourism draw, with opportunities for side trips to atmospheric, time-warped towns and to the swamplands of the south coast.

VARADERO

Varadero ❾ has enthusiastic proponents and equally passionate detractors among its visitors. A long peninsula with many dozens of hotels and restaurants, bars, fast-food cafés and grocery shops stretching right to the tip (and more of each on the way), Varadero doesn't feel much like Cuba at all. It is a package tourist enclave, and plenty of visitors fly in and never venture further afield, so almost the only Cubans they will encounter are on the hotel staff. If you want to see and learn what makes Cuba a fascinating place, though, you'll need to escape for at least a couple of daytrips. In towns around Cuba you'll

Presidio Modelo

Just east of Nueva Gerona is the fascinating Presidio Modelo (Model Prison). The dictator Machado built this copy of a US penitentiary in 1931. Castro and 26 of his rebels were sent here after the storming of the Moncada Barracks; their ward and Castro's solitary confinement cell have been restored.

Souvenir sellers at Varadero

meet tourists who – like jailbird escapees – rejoice at having got out of Varadero.

Still, there are plenty of delighted people for whom this is heaven: a 20km (12-mile) long, virtually uninterrupted white-sand beach with shallow, clean waters. Varadero isn't a recent development by a government desperate for hard currency; it was in the 1920s that Varadero first attracted millionaires, who built palatial holiday villas. They were led by Alfred Irenée Dupont who bought up most of the peninsula and used to vacation at the opulent **Mansion Xanadú**, which he had built in 1930 and which is now an exclusive six-room hotel, and club house of the 18-hole Xanadú golf course (www.varaderogolfclub.com). Tourism proper began after World War II with the construction of hotels and casinos.

However, the beach, Varadero's best feature, can be problematic. Northern winds kick up with considerable frequency, and lifeguards put out the red flags to warn of the dangerous undertow.

There is often a strong smell from the oil pumps on the resort's outskirts. Prostitution and hassling are much less of a problem than they once were, but other pests (namely mosquitoes) can be a real annoyance. Moreover, the resort is spread out over 17km (11 miles), with no real centre, so you need transport to get around.

On the other hand, Varadero has many extremely comfortable hotels (most of them the results of international joint ventures), open bars and an excellent range of watersports. And, unlike other parts of Cuba, topless sunbathing is allowed here. If you tire of the beach, there are organised excursions to every conceivable point of interest on the island – including Havana.

Varadero occupies a long, thin insular spit of sand, with water on both sides and a bridge to the mainland. Between Calles 25 and 54 there's something of a local community of Cubans, with ancient Cadillacs parked outside rickety wooden bungalows. The liveliest area is around Calles 54 to 64, with a shopping mall, a host of restaurants and bars, and the **Retiro Josone**, a pretty park set around a palm-fringed boating lake. Spreading several kilometres further east are the newest hotel complexes.

MATANZAS AND CÁRDENAS

These quintessentially Cuban provincial towns are a world apart from Varadero. Their poorly stocked shops, dusty backstreets and primitive transport provide Varadero's package tourists with a convenient insight into Cuban life before they're whisked back to their hotels.

Matanzas ⑩, 42km (26 miles) west of Varadero, is busy and grimy. Lying alongside a deep bay, it came into its own during the 19th century as the country's sugar capital. On the leafy main square, Parque Libertad, the **Museo Farmacéutico** (Tue–Sat 10am–5pm, Sun 9am–2pm) is a wonderfully preserved chemist's shop, founded in 1882. On a street running east

On the street at Cárdenas

towards the bay is the neo-classical **Catedral de San Carlos Borromeo** (Mon–Sat 8am–noon, 3pm–5pm, Sun 9am–noon).

A little further to the east, impressive buildings on Plaza de la Vigía include the **Palacio de Junco**, which houses a second-rate provincial museum, and the **Teatro Sauto**. Constructed in 1863, the lovely theatre has tiers of wrought-iron boxes and a painted ceiling.

Las Cuevas de Bellamar (daily 9am–5pm), a short distance east, are Cuba's oldest tourist attraction. The caves were discovered by chance in 1861 by a Chinese workman. Tours (in English) take you down into a vast chamber for views of the many stalactites and stalagmites.

Fortunes have changed for the town of **Cárdenas** ⓫, 15km (9 miles) east of Varadero. Once the island's most important sugar-exporting port, it's now a somewhat ramshackle place. But the main square is elegant, and the **Museo Municipal**

Oscar María de Rojas (Plaza Echeverría e/ Avenidas 4 y 6; Tue–Sat 10am–6pm, Sun 9am–1pm), the second oldest museum in the country, houses a quirky collection of items. There is also the **Museo de la Batalla de Ideas** (Calle 12 y Plaza Eheverría; Tue–Sat 10am–6pm, Sun 9am–noon). Inaugurated by Castro in 2001, it documents the campaign for the repatriation of Elián, a local boy who was at the centre of international controversy in 1999–2000. His mother died while fleeing with him to Miami, but after months of heated controversy he was returned by the US authorities to Cuba to live with his father.

ZAPATA PENINSULA

The **Zapata Peninsula** is the largest wetland area in the Caribbean, flat as a pancake and covered in mangrove swamps and grassland plains. Its protected wildlife includes crocodiles, manatees and numerous species of birds. Frankly, though, you are unlikely to see any interesting wildlife unless you take a guided bird-watching trip from **Playa Larga**. You can see penned reptiles at the crocodile farm at **La Boca**, a popular tourist site where you can pose with a baby croc and try crocodile steak.

Cabaña on stilts at Guamá

A more appealing prospect is picturesque **Guamá** 12, a half-hour boat ride from La Boca along an artificial channel and then across the vast **Laguna del Tesoro** (Treasure Lake). Legend has it that the Indians dumped their jewels into the water rather than surrender them to Spanish *conquistadores*. Guamá is a group of tiny islands connected by wooden bridges. A few visitors stay in the thatched *cabañas*, but most just come to wander along the boardwalk, greet the ducks and egrets, and have a meal.

> **Battle beach**
>
> A billboard at the Bag of Pigs reads: 'Playa Girón: La Primera Derrota del Imperialismo en América Latina' ('The First Defeat of Imperialism in Latin America').

It may be peaceful now, but the Zapata Peninsula is best known for the violence and bloodshed that once visited its shores. South of La Boca you soon come to Playa Girón – site of the 1961 US-led **Bay of Pigs** invasion (see page 20), in which more than 100 people were killed. At irregular intervals along the often crab-infested road are a number of concrete memorials to those who died during the invasion. There are two simple, isolated bungalow hotel complexes on the bay, one at quiet **Playa Larga**, the other at **Playa Girón ⑬**, where the already scruffy beach is further spoiled by a concrete breakwater. One major attraction, however, is the excellent **Museo Playa Girón** (daily 8am–5pm) which serves as an emotional memorial to the three-day Bay of Pigs debacle.

CENTRAL CUBA

Tourists usually whiz through central Cuba. The only tourist beacons are on or near the coasts: in the south around Cienfuegos and in the north at Cayo Coco and Guillermo and Playa Santa Lucía. But there is much else to see.

The Catedral de la Purísima Concepción, Cienfuegos

Central Cuba comprises five provinces: Cienfuegos, Villa Clara, Sancti Spíritus, Ciego de Àvila and Camagüey. Each focuses on a provincial city of the same or similar name, typically of some interest yet not likely to detain you for longer than a day. The west has the best scenery, in the Sierra del Escambray mountains. To the east of Sancti Spíritus, towns lie on flat plains. This used to be the main sugar cane growing area in the 1970s, but the collapse of the sugar-for-oil trade with the USSR in the 1990s led to the closure of many sugar factories. In Camagüey, the cattle-ranch province, watermills and *vaqueros* (cowboys) on horseback punctuate the skyline.

CIENFUEGOS

The best feature of the port city of **Cienfuegos** ⓮ (250km/155 miles southeast of Havana) is its position, set at the back of a large bay. Despite the industry on its periphery, the centre is attractive, with pastel-coloured neoclassical buildings. Described as the 'Pearl of the South', it now has Unesco World Heritage Site status.

The focal point in town is **Parque José Martí**, one of the grandest squares in the country. Here you will find most of the major historical buildings, where the city was founded in 1819. The influence of 19th century French immigrants can be seen in the architecture, although there are several styles, including neoclassical and Art Deco. Take a guided tour of the town's finest colonial building, the **Teatro Tomás Terry**, on the north side of the square. Built in 1890, it was named after a rich sugar plantation owner, once a poor emigré from Venezuela. The interior, largely original, has a lovely frescoed ceiling and a semicircle of tiered boxes and wooden seats. Enrico Caruso and Sara Bernhardt once performed here, and on weekends you may be able to catch a performance by one of Cuba's top ballet companies. The **Catedral de la Purísima Concepción**, built in 1870, is on the east side of the square. It has an attractive interior with stained-glass windows depicting the 12 apostles.

The Paseo del Prado is the town's principal thoroughfare and the longest boulevard in Cuba, a palm-lined road that takes you down to the spit of land protruding into the bay past smart waterside villas. At the edge of Punta Gorda, near the end of the Malecón (Calle 37), is the spectacular **Palacio del Valle**. This kitsch, Moorish Revival-style mansion (with a few other styles

Botanical highlight

The Jardín Botánico Soledad (daily 8am–5pm), 23km (14 miles) outside Cienfuegos at Pepito Tey on the road to Trinidad, is the oldest botanical garden in Cuba (it dates from 1899) and one of the best tropical gardens in the world. Tour operators in Cienfuegos can arrange guided tours; alternatively, go straight there and join a tour at the entrance.

mixed in), was finished in 1917. It is now a restaurant with a rooftop bar and is attached to the Hotel Jagua alongside.

At the mouth of the bay, on the western side, the **Castillo de Jagua** (daily 8am–6pm) was constructed by the Spanish in 1733–45 (long before the city's founding in 1819) to ward off pirates. You reach the castle on a ferry from a terminal just south of the Parque Martí (Avenida 46 e/ Calles 23 y 25).

TRINIDAD

The scenic, undulating 80km (50-mile) road east from Cienfuegos to Trinidad skirts the foothills of the Sierra del Escambray, Cuba's second-highest mountain range. The beguiling town of **Trinidad** ⑮, the third of Diego Velázquez's original seven settlements, subsequently became rich through the smuggling, slave and sugar trades. Its sizable old town is endowed with marvellous Spanish colonial architecture and has been named by Unesco as a World Heritage Site. Cuba could package it as a time capsule: it is the island's prettiest town and one of the finest preserved colonial cities in all the Americas. Even the cobblestone streets still remain in the old centre, which restrict traffic and make things difficult for bicycles and horses. There's been a preservation order on Trinidad since the 1950s.

Within easy striking distance of Trinidad are enough attractions to make a longer stay especially rewarding, including the fine beach of Playa Ancón, the lush Valle de los Ingenios (Valley of the Sugar Mills) and waterfalls and treks in the Escambray mountains.

Restored mansions of the well-to-do have been turned into museums, while art galleries, craft shops and restaurants occupy additional lovely old buildings. The city is known for its live music venues in the centre, several of which are open air or in covered courtyards of old buildings. However, entertainment is low key,

The old town in Trinidad

and it's still a pleasant, relaxed place. If you spend a night here you can experience the town without the tour-bus hordes.

The old town clusters around the **Plaza Mayor**, a delightful square of painted railings, fanciful urns, greyhound statues and colonial buildings. The relatively plain church, Iglesia Parroquial de la Santísima Trinidad, is the largest in Cuba, with five aisles instead of three and hand-carved gothic altars. Beside it is the **Museo Romántico** (Tue–Sun 10am–6pm) with a collection of fine furniture and porcelain. The square's two other museums both have attractive courtyards and cool interiors. The **Museo de Arqueología Guamuhaya** (Sat–Thu 9am–5pm) in a beautiful mansion on the west side of the square traces pre- and post-Columbian history. The **Museo de Arquitectura Colonial** (Sat–Thu 9am–5pm) on the east side has examples of woodwork, ironwork, stained glass and other items culled from colonial houses. A block to the north of the Plaza Mayor in a former convent is the **Museo**

School children make their way home

Nacional de Lucha Contra Bandidos (National Museum of the Struggle against Counter-Revolutionaries; Tue–Sun 10am–6pm), which documents the campaign to weed out rebels who hid in the Escambray mountains in the 1960s. The 360-degree view from the yellow belltower is the big draw.

A block south of Plaza Mayor on Calle Simón Bolívar stands the grand Palacio Cantero, built in 1830. Painted pillars, scrolls, shells, pediments and drapes embellish the interior, eclipsing the historical artefacts and old furniture that now form the **Museo Municipal de Historia** (Sat–Thu 9am–5pm). It has its own fine tower, though climbing its rickety narrow stairs can be a trial if a group has arrived there first.

A block south of the Plaza Mayor are two streets completely given over to sellers of handmade lace and other crafts. Further afield, southeast along Calle José Mendoza, you'll find the evocative ruins of **Iglesia de Santa Ana**, and overlooking the town from the north is the **Ermita La Papa**, a bricked-up church, on a hill where boys fly homemade kites.

Aimless wandering is especially fruitful in Trinidad – and, since dozens of street names have changed and neither maps nor residents seem sure of what to call many of them, roaming without a plan is the only practical solution. Virtually every street has its own colonial treasure and feast for the eyes.

AROUND TRINIDAD

Trinidad's prosperity in the 19th century came from the fruits of 50 sugar mills nearby in the scenic **Valle de los Ingenios** ⑯ (Valley of the Sugar Mills). A *mirador* (lookout) with spectacular views is just 5km (3 miles) out of town. About 10km (6 miles) further east is Manaca-Iznaga, where you can explore a lovely colonial hacienda house and its startling, rocket-shaped *Torre de Manaca-Iznaga*. From the top of the tower, the Iznaga family would keep watch over their slaves toiling in the fields. Tours are available with the tour operators in Trinidad or you could arrange a taxi tour. A steam train once used in the sugar industry traverses the whole valley for tourists. It leaves from Estación Dragones, the station in the south of Trinidad, at 9.30am and returns at 2–3pm, CUC$10, but make sure you arrive at least 15 minutes before departure.

Playa Ancón ⑰, approximately 16km (10 miles) from Trinidad has an excellent strip of white sand and clear waters. Here you'll find diving at an offshore coral reef, a good choice of watersports and a scattering of mid-range hotels whose bars and sunbeds are available to all. Sunworshippers tend to congregate here, where there is a car park which serves as a transport hub. In high season there is an unreliable bus service, but there are also taxis and *cocotaxis*, or you can rent bicycles in town. Another good beach excursion is the day sail to the tiny island of **Cayo Blanco** from Playa Ancón, which should be organised through a tour operator.

SIERRA DEL ESCAMBRAY

More compact than the island's eastern and western ranges, the **Sierra del Escambray** (Escambray mountains), coated in luxuriant vegetation, are arguably Cuba's most beautiful range and easily accessible. Blessed with their own microclimate, the mountains are a wonderfully cool refuge from the heat of Trinidad.

To get to the **Topes de Collantes ⑱** national park, take the road west of Trinidad for the steep 15km (9-mile) climb through dense forests of palms, eucalyptus and pines. You'll pass a health resort, a Stalinesque complex that has decent facilities but lacks life. Two excellent hiking trails conclude with beautiful waterfalls: Salto de Caburní, at 62m (203ft), and Salto Vega Grande. Wear sturdy shoes, as each hike is a steep trek of 4km (2.5 miles) along a narrow and often muddy trail. You can swim in the chilly natural pools underneath the falls. Jeep excursions can be hired at any tour agency in Trinidad. There's a national park charge (price dependant on the trail you intend to follow).

SANCTI SPÍRITUS

Approximately 80km (50 miles) east of Trinidad is **Sancti Spíritus ⑲**, one of Diego Velázquez's seven original townships. Although no match for Trinidad, it has some attractive colonial buildings. The **Iglesia Parroquial Mayor del Espíritu Santo** has foundations from 1522, making it the country's oldest (though the present stone church was built in 1680). Nearby is the **Puente Yayabo**, the only remaining colonial stone arched bridge in Cuba.

SANTA CLARA

A must on the itinerary of all fans of the Revolution, **Santa Clara ⑳** is a pleasant university city famous as the last resting place of guerrilla hero, Che Guevara. It was the site of the last battle, which started on 28 December 1958 and finished when news arrived that Batista had fled the country on 1 January 1959. An armoured troop train was heading from Havana to Santiago, but Che and his men ambushed it at Santa Clara. Four of the carriages are preserved at the **Monumento a la**

Cayo Guillermo

Toma del Tren Blindado (Calle Independencia; Mon–Sat 9am–5.30pm). You can go into the carriages and see some of the items carried on the train, as well as photos. At the **Plaza de la Revolución Ernesto Guevara** is a huge statue of Che in battle dress, while underneath is the **Mausoleum** (Tue–Sat 8am–9pm, Sun 8am–8pm; free) where Che and his comrades who fell in battle in Bolivia in 1967 were interred when their remains were brought back in 1997. Next to it is the **Museo Histórico de la Revolución** (same hours as the Mausoleum), which has displays detailing Che's life and his role in the Revolution.

CAYO COCO AND CAYO GUILLERMO

These two offshore cays are reached by a causeway across the Bahía de Perros so long (28km/17 miles) that you can't see the land at the far end as you set off.

Cayo Coco ㉑ is named not for coconuts but for a bird: the ibis, as revealed in Hemingway's *Islands in the Stream*. Ibises and other wading birds, often pink flamingoes, can be seen balancing in the brackish waters around the principal causeway and a smaller causeway connecting the cay to **Cayo Guillermo**.

It's the impossibly white sandy beaches, the intensely blue waters and the excellent fishing that draw holidaymakers, and there's not much else to distract you. Both cays are covered in forest or thick undergrowth. Large, luxury, all-inclusive resorts line the 22km (14 miles) of shell-shaped beaches on Cayo Coco. A wide range of non-motorised watersports are available to hotel guests. If you hire a moped or Jeep from your hotel, there are virgin beaches to discover, though with increased development they are fast disappearing.

CAMAGÜEY

About 550km (342 miles) southeast of Havana, **Camagüey** ㉒ is an attractive colonial city; Cuba's third largest. Having been razed by Henry Morgan in 1668, it was rebuilt, with its narrow, twisting streets radiating haphazardly from the Hatibonico River as if to deter further pirate invasions. There are some half-dozen squares dotted around, each with an old church. Some, like Nuestra Señora del Carmen and Iglesia San Juan de Dios, have been nicely restored. The province's cattle-grazed plains hold little water, so the citizens fashioned huge earthenware pots to catch rainwater. Called *tinajones*, these still adorn many squares.

The city's most famous son, Ignacio Agramonte (1841–73), a general killed in battle in the Ten Years' War, was born here and his birthplace on Plaza de los Trabajadores is now a museum: **Museo Casa Natal de Ignacio Agramonte** (Avenida Agramonte 459; Tue–Sat 9am–5pm, Sun 8am– noon), a handsome, early 19th-century mansion. **Nuestra Señora de la Merced** church opposite has benefited from thoughtful restoration: the decorated ceiling is particularly striking.

A dashing equine statue of Agramonte forms the centrepiece of **Parque Agramonte**, just to the south. The cathedral occupies one side of the park, and the Casa de la Trova, around a floral patio, has musical performances afternoon and evening.

A 10-minute walk west down Calle Cristo brings you to a dignified 18th-century church, **Santo Cristo del Buen Viaje**. Behind the church is a great sea of crosses and marble saints in a picturesque cemetery. A few blocks north is the triangular-shaped **Plaza del Carmen**, which has been beautifully restored and is notable for the life-size statues of local people passing the time of day. In one corner stands the **Convento de Nuestra Señora del Carmen**; dating from the early 19th century, the

Catching up with the news in Plaza del Carmen, Camagüey

Mirador de Mayabe, Holguín

restored church facade is one of the most beautiful in Cuba and is unique in Camagüey for having two towers.

Another splendid feature of Camagüey – and marvellously restored – is **Plaza San Juan de Dios**, an angular old cobblestoned square surrounded by brightly hued single-storey buildings dating from the 18th century, plus a lovely yellow church with a fine mahogany ceiling and altar, alongside a restored former hospital. It's one of Cuba's prettiest plazas. A few blocks south, near the river, is an impressive agricultural market. A lively place, it's open every day and stocked with a surprising array of meat and fresh produce.

PLAYA SANTA LUCÍA

An hour-and-a-half drive (110km/68 miles) from Camagüey on the north coast, remote **Playa Santa Lucía** ㉓ beckons sun worshippers with mid-range resort hotels strung along a particularly fine peninsular strip of sand. Each hotel backs directly onto the beach. A superb coral reef lies offshore, and diving here is excellent. Aside from a couple of roadside bars, however, nightlife is limited to hotel entertainment.

To counter the isolation of Playa Santa Lucía, the tourist authorities offer a wide range of excursions, including a rodeo at Rancho King, deep-sea fishing and boat and helicopter trips for days on the beach at such unspoiled cays as Cayo Sabinal and Cayo Saetía.

A bus service visits **Playa Los Cocos**, some 5km (3 miles) away; with sheltered aquamarine waters, it's a strong contender for the title of 'Cuba's most beautiful beach'. Adjacent is La Boca, a very small community of waterside shacks with fish restaurants.

ORIENTE: THE EAST

Prior to the Revolution, the east of Cuba was a single province known simply as **Oriente** ('East'), and most Cubans still refer to the region with this name. Oriente incorporates the post-revolutionary provinces of Holguín, Granma, Santiago de Cuba and Guantánamo, which are scenically and historically more interesting than most of central Cuba. The stunning landscapes vary from the north coast's exuberant banana and coconut groves clustered round thatched huts, little changed from earlier indigenous peoples' *bohíos*, to the towering peaks of the Sierra Maestra mountains and lush rainforest on the east coast. Some of Cuba's best beaches lie on the north coast of Oriente within sight of the mountains.

The wars of independence began in Oriente in the 1860s, and nearly a century later Castro concentrated his power base in the inaccessible Sierra Maestra. There are stirring monuments and museums recalling these periods in Santiago de Cuba, the latter dubbed a 'heroic city' for its many historic patriots.

The further east you travel in Cuba the more Caribbean it feels. Santiago de Cuba is renowned for its contributions to Cuban musical culture; the Oriente is the heartland of son, the traditional rural music that formed the roots of salsa, and many of the genre's greats (Trío Matamoros, La Vieja Trova Santiaguera and Elíades Ochoa, among others) got their start in Santiago.

HOLGUÍN PROVINCE

The province of Holguín begins bleakly around the busy capital but improves considerably as you travel north, where the countryside is lusher. **Guardalavaca ㉔**, 60km (37 miles) from Holguín, is an attractive resort, ringed by banana plantations. Watersports are excellent here and at the equally picturesque – but isolated – **Playa Esmeralda**, 2km (1 mile) west. All-inclusive hotels are dotted along the coast to the west, occupying horseshoe bays and sandy beaches such as Playa Pesquero Viejo and Playa Pesquero Nuevo.

There are plenty of possibilities for excursions in the vicinity of Guardalavaca. You can take a boat trip into the middle of Bahía de Naranjo to a simple aquarium, or arrange sailing and fishing trips from the marina. To the west is **Bahía de Bariay**, which has a monument claiming Columbus's landing (a fact contested chiefly by Baracoa, further east). Beyond the bay is **Gibara ㉕** (27km/17 miles north of Holguín), a captivating if sleepy little port town, known for its annual festival for low-budget films.

About 6km (4 miles) south of Guardalavaca, on a hill amid a forest of palms and thatched homesteads, is **Chorro de Maita ㉖** (Tue–Sun 9am–5pm), the Caribbean's most important excavated pre-Columbian burial ground. Fifty-six of the 108 skeletons found are on display. They date from 1490 to 1540 and lie exactly as they were found. All but one are Amerindian, buried in the Central American style with arms folded across stomachs. The one Spaniard lies in a Christian fashion with arms crossed on his chest.

Banana groves coat the hillsides along the scenic 30km (19-mile) route south to **Banes** , a town of wooden houses with corrugated roofs. Castro was married at the church here in 1948, and the town's interesting **Museo Indo-Cubano Bani** (Tue–Sat 9am–5pm, Sun 8am–noon, 2–5pm, Fri–Sun also 7–9pm) has some fascinating finds from the area.

Making music in Santiago

SANTIAGO DE CUBA

Many visitors prefer Cuba's second city (population 405,000) to the capital. **Santiago de Cuba** (880km/546 miles southeast of Havana) is one of the oldest cities, with a wealth of colonial buildings. Unfailingly vibrant and seductive, it exudes a feel all its own. Enclosed by the Sierra Maestra mountains, Santiago can also be wickedly hot. *Santiagueros* negotiate their hilly streets by keeping to the shady sides, and they relax on overhanging balconies.

Santiago is Cuba's melting pot, with a friendly population of predominantly mulatto people: descendants of Spanish, French from Haiti, Jamaicans and huge numbers of African slaves. Afro-Cuban traditions remain strong, reflected in *carnaval*, which is still Cuba's best, and in music (walk down any street and a cacophony of sounds will emanate everywhere).

Founded in 1514, Santiago was the island's capital until 1553. It is regarded as a 'heroic city' (*ciudad héroe*), and locals are proud of the city's rebellious past. Seminal events brought it centre-stage again during the 1950s, when it assumed a major role in the revolutionary struggle. The attack on Batista's forces at the Moncada Barracks in 1953 thrust Fidel Castro into the national limelight, and it was in Santiago's main square that he first declared victory, on 1 January 1959.

The city was badly damaged by Hurricane Sandy in 2012, losing most of its trees as well as many buildings, but subsequent repairs and a facelift to celebrate its 500th anniversary in 2015 mean the centre is now smart and attractive again.

Old Santiago

The most atmospheric part of the city is **Old Santiago**. Castro delivered his victory speech in the heart of the old town, from the balcony of city hall on **Parque Céspedes**. The attractive square is a genteel place with tall trees, gas lanterns and iron benches. Old Santiago's grid of streets unfolds here, a few blocks inland from the heavily industrialised harbour. Parque Céspedes is dominated by its twin-towered **cathedral**. A basilica was built on this spot in 1528, but what you see was rebuilt in the early 19th century after a series of earthquakes and fires.

On the west side of the plaza is **Casa de Diego Velázquez** (Mon–Thu and Sat 9am–5pm, Fri 2–5pm, Sun 9am–1pm). Noticeable for its black-slatted balconies, it was built in 1516 as the residence of the founder of Cuba's original seven *villas* (towns). The oldest house in Cuba and one of the oldest in the Americas, it is in remarkable condition. Housing the **Museo de**

Vintage car on a Santiago back street

Ambiente Histórico Cubano, its rooms overflow with period furniture and carved woodwork and encircle two lovely courtyards. Across the square is the elegant **Hotel Casa Granda**, which opened in 1914 and hosted many celebrity guests and gangsters before the Revolution. Its terrace bar on the fifth floor affords excellent views of the cathedral towers and the city beyond.

East from the square, **Calle Heredia** is the epicentre of Santiago culture and tourism. The city's famous **Casa de la Trova** (music hall), which has hosted nearly all legendary Cuban musicians, is the centrepiece of both. Starting in mid-morning, a succession of groups perform every style of Cuban music here, from *son* and *guarachas* to *boleros* and *salsa*. The intimate open-air space inside is the place to be in the evenings; at night the main groups play upstairs. Calle Heredia is lined by day with artisans and souvenir sellers.

Museo de Ambiente Histórico Cubano

Down the street is the **Museo El Carnaval** (Tue–Sun 9am–5pm), a museum containing instruments, photos and artefacts from Santiago's carnival. It also has Afro-Cuban music and dance (Sun–Fri at 4pm), as does the Artex store up the street. Also on Calle Heredia is the **Casa Natal de José María Heredia** (Tue–Sun 9am–5pm), the birthplace of the early 19th-century Cuban poet and a cultural centre and museum. A block south on Calle Bartolomé Masó, 358 (also called San Basilio) is the **Museo del Ron** (Mon–Sat 9am–5pm), which explains the history of rum in Santiago and has an atmospheric bar for a post-tour rum tasting.

Nearby, on Calle Pío Rosado, the **Museo Provincial Emilio Bacardí** (Tue–Sat 9am–5.15pm, Sun 9am–12.15pm) has an excellent collection of Cuban art, as well as some European works, some items from the wars of independence and an archaeological hall that features a 3,000-year-old Egyptian mummy, two Peruvian skeletons and a shrunken head. The museum, in a grandiose neoclassical building on a beguiling little street, is named for its benefactor and the town's former mayor, whose family founded the Bacardí rum empire.

One of Santiago's most delightful people-watching spots is **Plaza Dolores**, a shady plaza lined with colonial-era homes (several now house tourist restaurants). **Avenida José A.**

Saco (more commonly known as **Enramada**) is Santiago's main shopping thoroughfare. Its faded 1950s neon signs and ostentatious buildings recall more prosperous times. Cobbled **Calle Bartolomé Masó** (also known as San Basilio), just behind Heredia and the cathedral, is a delightful street that leads down to the picturesque Tivolí district.

In Tivolí you'll find the famous **Padre Pico** steps, named for a Santiaguero priest who aided the city's poor. Castro once roared fire and brimstone down on the Batista government here, but today you'll find more pacific chess and domino players who have set up all-hours tables on the steps. Take the steps up to the **Museo de la Lucha Clandestina**, the Museum of the Clandestine Struggle (Tue–Sun 9am–5pm). This excellent museum, in one of the city's finest colonial houses, focuses on the activities of the resistance movement under local martyr Frank País. Residents of Santiago were instrumental in supporting the Revolution, as were peasants in the Sierra Maestra. From the museum's balcony, there are tremendous views of Santiago and the bay (and, unfortunately, of plumes of pollution rising up from factories).

South of the museum is one of Santiago's best places to get sweaty in the evening. The **Casa de las Tradiciones**, a 'cultural centre' in a large colonial mansion with a central courtyard (Calle Jesús Rabí), has live *trova* and dancing. Known locally as La Casona, it's great fun, and local people usually outnumber tourists. Couples only.

Bacardí's bat

Bacardi moved its headquarters and production to Puerto Rico after the Revolution, and from there to Bermuda. But it was the fruit bats that nested in the rafters of the original rum factory in Santiago that gave Bacardi rum its world-famous bat logo.

Plaza de la Revolución

AROUND SANTIAGO

A good place to get your bearings on the suburbs of the city is from the rooftop bar of the lavish hotel Meliá Santiago, 3km (almost 2 miles) east of the city's centre. In the near distance you can make out the yellow **Moncada Barracks**, which Castro, along with around 100 rebels attacked on 26 July 1953. The date is now a rallying cry and public holiday, and the barracks have been converted into a school and museum, known both as the **Antiguo Cuartel Moncada** and the **Museo Histórico 26 de Julio** (Av. Moncada esq. Gen. Portuondo; Tue–Sat 9am–5pm, Sun 8am–noon; guided tour available in Spanish, English, French or Italian).

The museum tells the story of the road to revolution using dozens of memorable photographs. Also on display are various bloodstained rebel uniforms, some of Fidel's personal effects from his time in the mountains and '26 Julio' armbands (sporting the name of the resistance movement that developed after the Moncada attack). The bullet holes over the entrance were 'restored' from photos.

North of Moncada, by the bus station, is the **Plaza de la Revolución**, an open square at the corner of Av. las Américas and Av. de los Libertadores. Massive machetes (used by *mambí* independence fighters) thrust towards the sky in this monument to Antonio Maceo, a hero of the war of independence, who is seen riding triumphantly.

The fine **Cementerio Santa Ifigenia**, just north of the harbour (Av. Crombet, Reparto Juan Gómez), is the resting place of many Cuban heroes. The tombs to receive the most visitors, though, are those of Fidel Castro (1926–2016), whose ashes are interred in a simple boulder with a plaque marked simply 'Fidel', and of José Marti, whose vast octagonal mausoleum was designed so that the tomb catches the sun throughout the day. The two are close together and if visiting them it is worth waiting for the changing of the guard every half an hour, accompanied by martial music.

Seven kilometres (4 miles) from the city is the 17th-century **Castillo del Morro**, surveying the harbour mouth from a commanding clifftop position and now a World Heritage Site housing the Museo de la Piratería (daily 10am–7pm). Moated, thick-walled, and full of cannons, drawbridges and passageways, it is in fine condition. A guide will point out a torture room with a trap door in the floor, through which uncooperative prisoners and slaves were reportedly dropped into the sea below. The easiest way to get to El Morro is to hire a taxi.

A place of great import (and considerable beauty) is the triple-domed **Basílica del Cobre** ㉙ (daily 6am–6pm; taxi from Santiago around CUC$20–30 round trip) named after the nearby copper mines that rise out of the forested foothills 18km (11 miles) west of Santiago. Cuban faithful make annual pilgrimages to the church to pay tribute to its statue of a black virgin, the Virgen de la Caridad (Virgin of Charity), Cuba's patron saint. According to legend, in 1606 three young fishermen struggling in their storm-tossed boat out in the bay were saved by the miraculous appearance of the

Basílica del Cobre

Virgin, who was holding a mulatto baby Jesus in one hand and a cross in the other. Pilgrims, often making the last of the trek on their knees, pray to her image and place mementos and offerings of thanks for her miracles; among them are small boats and prayers for those who have tried to escape Cuba on rafts. Except during Mass, the Virgin is kept on the second floor, encased in glass and cloaked in a glittering gold robe.

Day trips are offered by tour operators in Santiago up into the Sierra Maestra. Some go to **El Saltón**, a picturesque waterfall in the grounds of a small hotel. Alternatively you can hike up Pico Turquino (1,974m/6,476ft), the highest mountain.

East of Santiago is **Parque Baconao**, a biosphere reserve spread over 40km (25 miles). The local dark-sand beaches can be scrubby and the hotels themselves are isolated, but there's lots to explore in the park, and the Sierra de La Gran Piedra rises majestically above the coast. A tortuous side road 12km (7 miles) east along the coast ascends the mountains to **La Gran Piedra** ㉚ (Great Stone), where you can climb on foot for a bird's-eye view of eastern Cuba. About 2km (1 mile) beyond, a track leads to the **Cafetal-Museo La Isabelica**, a 19th-century coffee-plantation *finca* (country house). The museum (Mon–Sat 9am–4pm) is part of the Unesco World

Heritage Site that protects the architectural legacy of early 19th-century coffee farms.

GUANTÁNAMO PROVINCE

You can reach Cuba's remote, mountainous, far-eastern region from Santiago. The US military base of Guantánamo is synonymous with the 'war against terror', and while there's no immediately obvious reason to visit Guantánamo itself, it is a pleasant, well-kept provincial town. The province has only one true tourist draw, but it's a super one: the magical little town of Baracoa.

BARACOA

The dry, cactus-strewn landscape of the south coast begins to change as you follow the winding, spectacular 30km (18-mile) road 'La Farola' across the mountains to **Baracoa** ㉛ (150km/93 miles from Santiago), a picturesque little village known for its local chocolate and coconut factories.

⊘ 'GITMO'

Guantánamo, known to American military personnel as 'Gitmo', is a curious anomaly in revolutionary Cuba. Where in the world is the US less likely to have a military base? Established in 1903 – making it the oldest overseas American naval base – the lease was effectively forced on the Cubans by an interventionist US administration. The US still sends its annual rent cheques (about US$4,000), which haven't been cashed since 1960. To do so would be to recognise the legitimacy of the American presence in Cuba.

Festive day

Baracoa really shines the week of 1 April, when heady street parties every night commemorate the date General Antonio Maceo disembarked at nearby Playa Duaba in 1895, marking the beginning of Cuba's War of Independence.

The tropical seaside town is surrounded by green hillsides covered with cocoa and coconut groves, and all around are palm-backed beaches. Baracoa lies smack in the middle of the wettest region in Cuba, and has no fewer than 10 rivers, all of them ripe for whitewater rafting. In the mountains to the northwest is the Parque Nacional Alejandro de Humboldt, a biosphere reserve named after the great German naturalist and explorer.

Baracoa was the first settlement to be established by Diego Velázquez in 1511. Columbus came here first, though, after landing at Bariay Bay in today's Holguín province in October 1492, and planted the Cruz de la Parra (Cross of the Vine) in the soil on his arrival. What is claimed to be this cross is on display in **Nuestra Señora de la Asunción**, the church on Plaza Independencia.

The town has suffered major hurricane damage in recent years, particularly on the seafront Malecón, but always picks itself up.

A good place to get your bearings is the hilltop **Hotel El Castillo**, a former castle looking out over red-tiled roofs, the town's expansive, oyster-shaped bay and the landmark mountain called El Yunque (The Anvil), named for its singular shape.

In the main square is a bust of Hatuey, the brave Indian leader who resisted early *conquistadores* until he was caught by the Spanish and burned at the stake. There's also a very

lively Casa de la Trova here. It is worth wandering along the Malecón, the seaside avenue, from the snug **Fuerte Matachín** (an early 19th-century fort that has a small but informative municipal museum inside, daily 8am–4.30pm) to the Hotel La Rusa, which is named after a legendary Russian émigrée who over the years hosted celebrities such as Che Guevara and Errol Flynn.

In and around Baracoa are several dozen pre-Columbian archaeological sites related to the two major indigenous groups that once inhabited the region. The **Museo Arqueológico** (Mon–Fri 8am–5pm, Sat 8am–noon) in **Las Cuevas del Paraíso** up the hill from the village, contains a copy of the Taíno tobacco idol found nearby in 1903 (the original is in Havana).

Baracoa: the first Spanish settlement on Cuba, famous for its rain

Local musicians in Havana

WHAT TO DO

ENTERTAINMENT

Although cultural activity has been under state control since the Revolution and Havana no longer sizzles with the sleazy Mafia-funded casinos and clubs of the 1950s, both high culture and down-to-earth nightlife thrive in Cuba. Outside the resorts, it can be hard to pin down what's going on where, but informal musical performances are ubiquitous. In the resorts, nightlife is focused around hotels, ranging from decent live bands, dance and fashion shows to Beatles sing-alongs.

LIVE MUSIC PERFORMANCES

Cubans crave live music, and – with the surge in international popularity of traditional Cuban music – so do most visitors to Cuba. You certainly won't have to go out of your way to hear music performances. Roving groups of musicians can be found playing everywhere from airports to restaurants. Merely wandering the streets of Havana, Santiago or Trinidad, you're likely to stumble across a party with a live band, or even a back alley where some impromptu jamming is going on.

All the styles of Cuba's traditional music – *habaneras, son, boleros, guarachas, guajiras* and more – can be heard in every town's *casa de la trova*, usually a fine old building on or near the main square. Performances take place afternoons and evenings. Especially in the evenings and on weekends, the island's *casas de la trova* really swing. The most famous is in Santiago de Cuba, while those in towns like Trinidad, Baracoa, Camagüey and Holguín are great fun.

Getting the salsa rhythm

Aside from traditional acoustic music, Cuba revels in salsa. In Havana the salsa dance fan can choose from a number of venues every night. They feature top salsa groups, but cover charges are still quite low. Music hotspots include:

Havana. Casa de la Música Egrem (all types of music and dance including salsa; Avenida 35 and Calle 20, Miramar), Casa de la Música Galiano (lots of variety from rock to salsa, new bands and established big names; Calle Galiano 255, e/ Concordia y Neptuno, Centro), Teatro Nacional – El Delirio Habanero (piano bar, *nueva trova*, dancing to live band or disco; 5th floor, Paseo y Calle 39, Plaza de la Revolución) and Café Cantante (dancing to live bands or disco, often top bands; in the basement), and la Zorra y el Cuervo (jazz; Calles 23 y O, Vedado).

Trinidad. Casa de la Trova (traditional music; Fernando Echerri 29, e/ Jesús Menéndez y Patricio Lumumba), Casa de la Música (two venues on the Escalinata near the Plaza Mayor), Palenque de los Congos Reales (Afro-Cuban folkloric show during the day, son and salsa at night; Fernando Echerri half a block away towards the Plaza Mayor).

Santiago de Cuba. Casa de la Trova (*trova*, *son* and boleros, famous musicians play here; Calle Heredia), Casa de las Tradiciones (*trova*, *son* and boleros; Calle Rabí 154).

Baracoa. Casa de la Trova (Via Felix Ruene) and Casa de la Cultura (Maceo, 124).

⦿ A MUSICAL MELTING POT

Salsa, rumba, mambo, *cha-cha-chá*, *son*, *danzón* – Cuba's rhythms are known the world over. Reflecting the mixed heritage of its people, Cuban music spontaneously combusted towards the end of the 1800s through the nexus of African and European cultures – in particular what's been described as the love affair between the African drum and the Spanish guitar. In a typical Cuban band today you'll hear Latin stringed instruments in harmony with congas, *timbales* and African bongos (all drums), *claves* (wooden sticks) and instruments made from hollow gourds such as the maracas and the *güiro*. Cuban percussionists are among the finest in the world.

First came *son* ('sound'), a style that originated in Oriente around the turn of the 20th century. *Son* permeates all Cuban music and is the direct forebear of salsa; it has a percussive swing that is intrinsically Cuban. Mixed with jazz influences, it led to the brass-band salsa of famous groups such as Los Van Van, Isaac Delgado and Irakere. *Cha-cha-chá* arrived in the 1950s, having developed from mambo, itself a blend of jazz and the sedate, European *danzón* of the ballroom. The strongly Afro-Cuban rumba is typified by heavy drumming and more celebratory, erotic dancing. *Trovas* (ballads) were sung in colonial times by troubadors in *casas de la trova*. After the revolution the *trova* evolved into the *nueva trova*, often with overtly political lyrics, made popular by such artists as Silvio Rodríguez and Pablo Milanés.

CABARET

A legacy of the high-rolling casino days in Cuba, cabarets have been kept alive and well as a magnet for tourist spending. Cavorting mulatta dancers in sparkling G-strings and pairs of strategically placed stars may not be most peoples' image of socialist doctrine – but this is Caribbean communism.

While the best shows (at the Tropicana clubs in both Havana and Santiago de Cuba) are rather expensive by Cuban standards, seeing at least one big song-and-dance production in the flesh (so to speak) is de rigueur.

The **Tropicana in Havana** (Calle 72 #4504 e/ 43 y 45, Marianao, tel: 07-267 1717; http://tropicanacabaret.com), founded in 1939, is indisputably the queen of cabarets. The likes of Nat King Cole performed here in pre-revolutionary times. With a 32-piece orchestra and a cast of over 200, in a dazzling open-air arena, the sheer scale of the spectacle will make your head spin. Tickets cost from CUC$70–90, including a quarter bottle of rum and a mixer. Book at your hotel reception, by phone from 10am–6pm, or buy tickets at the entrance between 8.30 and 9pm. The show starts at 10pm and lasts 1 hour 45 minutes, after which you can head to the club. Havana's next-best cabaret show, smaller and half the price, is Cabaret Parisien, at the Hotel Nacional (Calles 21 and O, Vedado, tel: 07-836 3663, burotur@gcnacio.gca.tur.cu; nightly at 10pm).

The **Tropicana in Santiago de Cuba** (Autopista Nacional km 1.5; tel: 22-642 579) fills an enormous complex on the city's northern outskirts. It is no less impressive than Havana's but tickets are less expensive (CUC$30 or group packages with transport and one drink included CUC$44 per person); get there for 9.30pm in time for the main show at 10pm.

DANCE

Afro-Cuban dance is often seen in resort hotels as part of the evening entertainment, but is best seen in theatres. The internationally renowned company, Clave y Guaguancó, perform Afro-Cuban dance, drumming and music and can be sometimes found performing in Callejón de Hamel (Centro Habana) on Sunday afternoons. The Conjunto Folklórico Nacional de Cuba puts on

Tropicana Cabaret performer, Havana

rumba performances outside the Gran Palenque Bar, Calle 4 e/ Calzada y 5, on Saturday. Get there early, the box office opens at 2pm for a 3pm show.

The Ballet Nacional de Cuba was created in 1961 and has been supported by the Revolution ever since under the direction of prima ballerina Alicia Alonso (who will turn 100 in 2020). World famous and often on tour, when in Cuba they perform at the Gran Teatro on the Parque Central, Havana or the Teatro Nacional, Plaza de la Revolución. The Ballet de Camagüey is another classical ballet company, sometimes considered to be more innovative. Also worth seeing is the Danza Contemporánea de Cuba, which is based at the Teatro Nacional but also performs at other venues in Havana and nationwide.

Visitors to Santiago de Cuba should try to see the Ballet Folklórico Cutumba, a renowned troupe that delves into the world of Afro-Cuban spirituality and ritual. They perform at several theatres when in town and also offer dance classes. At the Museo del Carnaval there is an Afro-Cuban dance show by the Orishas at 4pm.

DISCOS

Discos pulsate to both Latin and Euro-American rhythms. The places to be are Habana Café (the disco in Havana's Hotel Meliá Cohiba) and the disco in Santiago's eponymous hotel. These are glitzy affairs, where foreigners get merry and approached by hustlers of all stripes. Situated in an old peanut oil factory, trendy Fabrica de Arte Cubano (Calle 26 esq. 11, Vedado; www.fabricadeartecubano.com) offers a unique blend of art, music, cinema, disco and dance. Expect long queues. Varadero has Palacio de La Rumba at the end of Avenue Las Américas, which is popular with a young crowd and has live salsa bands at weekends; or Mambo Club – on the Autopista Sur, further down the peninsula, by the Gran Hotel – which is similar but with live music. Both charge entrance.

In Trinidad, the Discoteca Ayala Las Cuevas really gets going at 1am, when the other music venues in town close. In Guardalavaca, head for open-air La Roca, set just above the beach.

BARS AND CAFÉS

Both bars and cafés are places to have a mojito, daiquiri or shot of *ron* (rum), smoke a Cohiba and – usually – hear some live Cuban rhythms. In Havana the bars not to miss are Hemingway haunts: La Bodeguita del Medio and El Floridita. Enjoyable café-bars in Havana include Café de Paris (Obispo y San Ignacio), Café O'Reilly (O'Reilly y San Ignacio), Bolabana (Calle 39 esq. 50, Playa) and El Patio (Plaza de la Catedral). There

Preparing mojitos

are also several places on Plaza Vieja, including Cervecería Taberna de La Muralla with home-brewed malt beer; and on the opposite corner, the Café Taberna at Mercaderes esq. Teniente Rey, done up in 1950s style and dedicated to the late, great Cuban singer, Beny Moré. Several hotels also have good bars, including Hotel Sevilla (made famous in Graham Greene's *Our Man in Havana*), Hotel Inglaterra's rooftop bar and Hotel Havana Libre's Turquino (with amazing views from the 25th floor).

In Santiago de Cuba, the terrace bar on the fifth floor of the Hotel Casa Granda has fine views and live music. A good place for a cold beer is Taberna de Dolores, which often has live music in its courtyard. At the corner of Calle Calvario is Café Isabelica, a venerable 24-hour bohemian haunt in a house three centuries old. Baracoa's Hotel Castillo has a bar with sensational views and frequent live music.

CLASSICAL REPERTOIRE

The classical arts are greatly valued in Cuba, and drama, opera, classical music recitals and above all ballet can be enjoyed in theatres all around Cuba. Opulent, old-fashioned theatres such as those in Cienfuegos, Camagüey and Matanzas and Havana's magnificent Gran Teatro, are sights in their own right.

The Gran Teatro in Havana, at Prado y San José (tel: 07-861 3096), has two main concert halls and puts on a wide repertoire of entertainment, from opera recitals to ballet. It is home to the internationally renowned Ballet Nacional de Cuba. Havana's International Ballet Festival is held every two years during the last week of October and first week of November.

At the Teatro Amadeo Roldán in Havana, at Calzada y D, Vedado, you can hear the Orquesta Sinfónica Nacional and visiting symphony orchestras. Other theatres and concert halls in Vedado include the Sala Hubert de Blanck, for classical and contemporary music concerts as well as drama and dance; Teatro El Sótano, for contemporary drama; Teatro Mella for modern dance and drama and Teatro Nacional de Cuba for concerts, drama and live bands in the Café Cantante and El Delirio Habanero. In 2014 the legendary Teatro Martí reopened, following a 40-year hiatus, with a programme of traditional Cuban music shows. Out in Miramar is the Teatro Karl Marx, used for grand occasions when large audiences can be accommodated.

Export permits

If you purchase anything that can be described as art – even a cheap watercolour at a flea market – you'll need an official export permit to get it out of the country without hassle or fear of confiscation. Most official galleries should be able to provide you with this – a purchase receipt will not usually be sufficient.

SHOPPING

Cuba has a reputation as a destination where there's little worth buying. You will see incredibly barren shops – window displays with bottles of cooking oil, shoe polish and a few plumbing parts. But there are plenty of things for visitors to buy. The dual currency system means that you pay for your goods in *pesos convertibles* (CUCs), while Cubans pay for their basic goods in *pesos Cubanos*, or *moneda nacional* (CUPs). Top on most people's lists are Cuba's greatest achievements (not including its health care system): cigars, rum and music. There is also an excellent selection of handicrafts, and tourist markets are now thriving in Cuba's major centres, even if much of what you'll find is related to Che Guevara – berets, T-shirts bearing his countenance and dolls, among many other 'revolutionary' items.

Shopping in Havana

As for essentials, hotel and dollar shops (as the CUC shops are still called) carry mineral water, soap, shampoo, toilet paper and toothpaste, and these items are now sometimes available from small kiosk shops. However, it's still best to bring all your medicinal or cosmetic staples from home. Tiendas Panamericanas and Caracol are well-stocked stores, but probably the most impressive store in all Cuba is the Harris Bros. Company, a multistorey enterprise near the landmark Art Deco Bacardí building and the Capitolio.

Cuba's finest cigars

SOUVENIRS TO BUY

Cigars and rum. The biggest bargain in Cuba is probably a coveted box of premium cigars, which at home might cost four times more. Cigar factories have affiliated shops selling all brands of cigars; the original Partagás factory in Havana has a particularly good shop, as does the specialist cigar hotel in Old Havana: Hostal Conde de Villanueva at Mercaderes 202. You can also purchase cigars at shops such as Casa del Tabaco (Calle Obispo and Bernaza) and La Casa del Habano (Calle Mercaderes, 120) in Havana, at hotels and at the airport. You will find Habanos shops in several other towns (Trinidad's is on Lino Pérez, 296).

Bottles of Cuban **rum** also offer big savings. All tourist shops sell rum, whether aged from three to seven years *(añejo)* or low-grade *aguardiente* (from sugarcane alcohol) with humorous labels. Havana Club is the brand of choice and aficionados should visit the distillery's Museo del Ron (Av. del Puerto, 262 e/ Sol y Muralla) for a tour and rum tasting, as well as the shop attached. Above El Floridita, Havana's Casa del Ron has the most impressive selection of rums, including hundred-dollar vintages.

Music. Recordings of Cuban music are widely available. If you're in the market for Cuban recordings, look for the EGREM label, available in Artex stores (as well as others). Most are CUC$15 each. Recommended recordings include those by

⊙ EL PURO: THE CUBAN CIGAR

Before launching the US trade embargo against Cuba, President Kennedy reportedly had an aide round up a supply of his favourite Cuban cigars. Now that cigars have again become chic, almost everyone knows that Cuban *puros* are reputed to be the world's finest. Factories produce more than 350 million cigars a year, with 100 million for export. Before the Revolution there were more than 1,000 Cuban brands of cigars; today there are only about three dozen.

You can visit a number of cigar factories, where the rich aroma is overwhelming. *Torcedores* wrap the different types of leaves (some for taste, burn, etc) inside the wrapper leaves with dexterous ease. Sacks of tobacco leaves are sorted into bundles, cigars undergo quality control tests, and prestigious labels are applied. Handmade cigars vary in length from the 4.5-inch Demi Tasse to the 9.25-inch Gran Corona. As a rule, bigger cigars are of better quality and darker-coloured cigars taste sweeter. Back home, keep your cigars moist: place them in a humidor or put the box in a plastic bag with a damp sponge.

Buying a box of cigars can be daunting. People on the street will whisper 'You want cigar, my friend?' They may be hot, but they may also be inferior-quality fakes. Don't buy unless you know what you're doing.

Fakes are liable to confiscation by customs. In official shops, make sure you keep the two copies of the official receipt – one of these is for you and one is to be given to customs when leaving the country. Keep cigars in your hand luggage for inspection. You are allowed to take up to 20 loose cigars and up to 50 in their original sealed packaging, with the official hologram, out of the country without a receipt.

Trio Matamoros, Beny Moré, Celina González, La Vieja Trova Santiaguera, Los Compadres, Los Zafiros, El Cuarteto Patria, Los Van Van, Silvio Rodríguez, Chucho Valdés and Pablo Milanés, to name just a few of Cuba's most popular musicians.

Handicrafts. Local arts and crafts vary from tacky figurines to drawings of street scenes. You'll also find evocative posters and black-and-white photos of Fidel, Che and company. Fine hand-made lace and crochet are available, principally in Trinidad. You might want to pick up a *guayabera*, the classic Cuban pleated, four-pocketed man's shirt, worn untucked. Boutique Quitrín (Obispo esq. San Ignacio in Old Havana) has the nicest cotton versions of the original white *guayabera*. Much of the silver-plated jewellery is also a good buy, but you should not purchase anything with black coral – it's endangered and illegal to import in many countries.

Snorkeling at María la Gorda

There are more inter-esting things to buy in Old Havana than in the rest of Cuba put together. A lively crafts market (daily 9am–5pm) is held next to ferry terminal on Desamparados. Plaza de Armas is busy with second-hand booksellers. The excellent Palacio de la Artesanía (at Calle Cuba, 64 e/ Peña Pobre y Cuarteles; open daily 10am–6pm, Sun until 1pm) is a souve-nir supermarket. Outside Havana, Trinidad has the best array of crafts shops in the country. Several streets just south of the Plaza Mayor (around the *Casa de la Trova*), known as La Candonga, stage a vibrant daily crafts market, and you'll find good government-run crafts shops on Simón Bolívar. Santiago de Cuba's crafts mecca is among the shops and vendors along Calle Heredia.

SPORTS

WATERSPORTS

Watersports enthusiasts are in luck in Cuba. Virtually every resort offers windsurfing, sailing, scuba diving and snorkelling. As anywhere in the world, motorised sports are expensive. Watersports centres are almost always affiliated with a particular hotel, but anyone may rent the equipment.

Diving is the area of greatest interest and growth. Cuba claims to be surrounded by one of the world's largest coral reefs, and over 1,000 sunken wrecks. Facilities are generally excellent, and prices are the lowest in the Caribbean. Nearly every resort has at least one professional diving centre equipped with all the requisite equipment. Most centres offer week-long diving courses for an internationally recognised qualification, as well as two-day introductory courses.

Dozens of dive sites can be reached from resorts, typically a half-hour boat journey away. The diving centre at El Colony Hotel on the Isla de la Juventud offers the best facilities and diving, but it isn't well suited to beginners. Resorts catering to all levels of ability include Playa Santa Lucía, María la Gorda, Cayo Levisa, Cayo Largo, Varadero, Playa Girón, Playa Ancón, Cayo Coco and Guardalavaca.

Deep-sea fishing is one of Cuba's great attractions, as of yet not well known (or over-fished). Trips in search of marlin, wahoo, swordfish and tarpon or smaller fry can be arranged through **Marlin Naútica y Marinas** around the island at the Marina Hemingway, Marina Tarará, Varadero, Cayo Guillermo, Cayo Coco, Santa Lucía, Guardalavaca, Marina Santiago de Cuba, Marina Trinidad, Marina Cienfuegos, Jardines de la Reina, Isla de la Juventud and Cayo Largo del Sur. There is fly fishing in the Jardines de la Reina off the south coast, off Cayo Largo del Sur and in the salt flats of the Zapata peninsula. For **freshwater fishing**, Hanabanilla and Zaza (near Sancti Spíritus) lakes both hold impressively big, copious large-mouth bass, as do Maspotón in Pinar del Río, Laguna del Tesoro in the Zapata peninsula.

SPECTATOR SPORTS

The national sport is **baseball** (*béisbol*). Cuban teams are among the best in the world (several stars have defected to the US major leagues). While children improvise with a stick and a makeshift ball in every town's open spaces, the main cities have vast stadiums.

CUBA FOR CHILDREN

At resorts, water-loving babies will be happy; those aged 10 and up will be able to join in many of the activities. A few resort hotels (such as those at Cayo Coco) have children's clubs, and top hotels can arrange babysitting. Outside the resorts facilities are limited and transport can be problematic. Cubans adore children and will certainly make a fuss over yours. Travelling with young families in Cuba can be a remarkable – and eye-opening – experience. If you travel with very young children, be sure to take all the nappies and baby food you require, as these items are hard to find in Cuba. If travelling by hire car, you should supply your own car seat.

CALENDAR OF EVENTS

The Buró de Convenciones (Hotel Neptuno, Calle 3 e/70 y 74, Miramar; tel: 7-204 8273) has information and contact details for all of the festivals and conferences held throughout the year all over the country.

January New Year (1 January, public holiday): celebrated throughout the country and taking in Liberation Day, marking the end of the Batista dictatorship, with music, dancing and outdoor parties.

May May Day (1 May, public holiday): a big event with parades and speeches in all the Plazas de la Revolución in every town.

June Hemingway Marlin Fishing Tournament (Hemingway Marina, Havana): four-day competition begun in 1950 and won by Castro in 1960.

July (first week): Caribe Festival (Santiago de Cuba): street parades, concerts, lectures and fairs celebrating Afro-Caribbean culture.

18–27 July *Carnaval* (Santiago de Cuba): Cuba's most famous celebration, featuring *comparsas* (street dances); takes in Santiago's patron saint's day on the 25th, but stops temporarily on the 26th in memory of the attack on the Moncada barracks in 1953.

August *Carnaval* (Havana): parades, open-air concerts and street parties.

8 September Fiesta de la Virgen del Cobre: pilgrimage to the altar of Cuba's saint in El Cobre near Santiago de Cuba.

October–November Havana International Ballet Festival: a gathering of top ballet companies from around the world, begun in 1960 and held in alternate years.

December New Latin American Film Festival (Havana): the most important film festival in Latin America, held during the first two weeks of the month. International Jazz Festival (Havana): a week-long festival, which attracts top jazz artists from Cuba and around the world: performances, workshops, lectures and open rehearsals.

EATING OUT

It is a sad paradox that a land as fertile as Cuba should have such problems feeding its people. During the so-called Special Period of the early 1990s, food shortages became serious and distribution of harvested fruit and vegetables remains a problem. Ration books no longer provide enough to live on and are expected gradually to be phased out, leaving poor Cubans with uncertainty. However, those with plenty of money (tourists and a small number of Cubans) are immune from hardships and get the most and best of what little is available. Nevertheless, do not come to Cuba expecting memorable gastronomic experiences. Cuba once had a respectable *criollo* (Creole) cuisine, a fusion of Spanish and African culinary traditions. But many Cubans now have been reduced to eating simple box lunches and sandwiches. Many restaurants have no choice but to offer standard 'chicken or pork' main courses, along with rice and beans. Most hotels play it safe by offering international fare.

WHERE TO EAT

If you're based in a resort, you might face the potentially monotonous reality of eating almost all your meals at the hotel. Large hotels often have not only a main buffet restaurant but also an à la carte restaurant, a poolside *parrillada* (grill) and a beachside café.

State-run restaurants are of two types. Those for which you must pay in pesos *convertibles*, and those for which *pesos cubanos* are the accepted currency. The latter are usually cafeteria style for Cubans, have extremely limited menus and, generally, are of poor quality with long waits. In some isolated cities (like Bayamo) it is possible to eat in *peso cubano* establishments very cheaply, as long as you understand that perhaps only one item on the menu will be available and that Cuban diners might look at you as if to say, 'How did you get in here?' Often, however, they will charge in *pesos convertibles* because you are a foreigner.

A third category is the *paladar*, a privately operated restaurant in a private home. These cater to anyone who pays in *pesos convertibles*. In 1995 the government legalised them, only to subsequently tax or fine many of them out of existence. In 2011 restrictions were relaxed in order to create jobs, allowing more to open, employ staff and increasing the maximum legal number of place settings from 12 to 50. The food is often better than in state-owned restaurants and the cost is more

Tables outside El Patio restaurant, Havana

reasonable. You'll be offered a three-course meal, sometimes with a beer or juice included, for a set price. *Paladares* are like small, simple restaurants, usually with menus, that just happen to be on the terrace or in someone's home.

If you are staying at a *casa particular* (see page 112), you can take advantage of the freshest and best *criollo* food. Families will cook whatever you want, or offer a few staple dishes. Usually you decide in the morning whether you want to eat in and they will shop and cook it for your evening meal. Fortified by a hearty breakfast of fresh fruit, eggs, coffee, juice and bread, these two meals will probably be enough, with just a snack at midday.

In all resort hotels and around Havana, cafés serve sandwiches (almost always ham and/or cheese), but otherwise snacks in Cuba are limited to bad street pizza and box lunches. Picnic food is an even more difficult proposition: hotel shops sell packs of biscuits and crisps, while private farmers' markets sell fruit for pesos.

WHAT TO EAT

At large hotels, particularly in the resorts, breakfast can be the best meal of the day: a buffet of fresh fruit, fruit juices, cheeses, meats and pancakes. Often there are also egg dishes made to order. In more modest hotels, sandwiches and omelettes are generally the staple fare.

Hotel buffets are also offered at lunch and dinner, and guests with large appetites will find these very good value. The food is 'international' rather than typically Cuban. The surfeit of choices (several salads, piles of bananas, chunks of watermelon, cakes galore, a choice of fish, meat and pasta) might make some travellers uncomfortable, given the limited supplies most Cubans put up with.

Most restaurants serve a Creole Cuban cuisine. Its main staple is rice and beans; you'll find either rice with kidney beans (*moros y cristianos*; 'Moors and Christians') or rice with black beans (*congrís*), the latter typically served in the east of Cuba. Meat is often *pollo asado* (roast chicken) or *cerdo asado* (roast pork). White fish is commonly presented under the generic label *pescado* and is typically fresh and simply grilled; numerous restaurants also serve lobster at a hefty price (CUC$25–30). Popular side dishes include root vegetables such as *malanga* and *yuca* (cassava) in addition to *maduros* or *tostones* (fried plantains). Common desserts are *pasta de guayaba con queso* (cheese with guava paste) and Coppelia ice cream, made all over the country.

WHAT TO DRINK

The national drink is *ron* (rum), produced from cane juice and molasses, the by-products of sugar manufacture. Un-aged rum, called *aguardiente* ('firewater'), has a very high alcoholic content. Five- or seven-year-old rum, darkened and flavoured in oak barrels, is drunk straight or on the rocks.

Cuban cocktails make use of one- or three-year-old white rum. A number have achieved folkloric status: Hemingway drank

Fruit at a street market

Thirst-quencher: the mojito

his mojitos (sugar, lime juice, ice, fresh mint, rum and soda water) in La Bodeguita del Medio and his daiquiris (sugar, lime juice and rum blended into crushed ice) in El Floridita. Less exotic is the *Cuba libre*: simply rum and coke, served with a slice of lime.

National brands of beer include Bucanero, Cristal, Mayabe and Tínima, all very drinkable. Only the more expensive restaurants serve wine. Cuban wine is now produced with the help of Spanish technology, but is in its infancy and best avoided.

For soft drinks, try the wonderfully sweet *guarapo* (pure sugar cane juice) or *granizado* (a flavoured water-ice in a paper cone from ubiquitous streetside carts). In some towns, you may come across homemade cola stands, where they'll mix three shots of syrup with soda water. It's amazingly refreshing and only about 5 centavos.

Coffee is one of Cuba's main exports, but you don't always get export-quality coffee. In times of hardship it is mixed with chicory, a flavour many Cubans have got used to and now prefer. A *café* is served espresso style and traditionally drunk with unimaginable quantities of sugar; *café americano* is weaker and served in a large cup. *Café con leche* is half espresso/half milk. Coffee with a little cream in Cuba is often disappointingly grey.

TO HELP YOU ORDER...

Do you have a table?. **¿Tiene una mesa?**
May I see the menu, please? **¿Puedo ver la carta, por favor?**
What do you recommend? **¿Qué me aconseja?**
I'd like ... **Quisiera ...**
I'm a vegetarian **Soy vegetariano.**

beer **cerveza**
bread **pan**
butter **mantequilla**
cocktail **cóctel**
coffee **café**
dessert **postre**
fish **pescado**
fruit **fruta**
ice **hielo**
ice cream **helado**

meat **carne**
salad **ensalada**
sandwich **bocadito**
shellfish **mariscos**
soft drink **refresco**
tea **té**
vegetable **vegetales/ legumbres**
water **agua mineral**
wine **vino**

...AND READ THE MENU

arroz blanco white rice
asado roast/grilled
bistec steak
camarones shrimps/ prawns
cerdo/Puerco pork
congrí rice and beans
frijoles beans
frito fried
huevos eggs
jamón ham
jugo de fruta fruit juice

langosta lobster
naranja orange
pan tostado toast
papas potatoes
papas fritas chips (fries)
picadillo minced meat
plátano plantain
pollo chicken
queso cheese
tortilla/revoltillo omelette

PLACES TO EAT

We have used the following symbols to give an idea of the price for a three-course meal for one, excluding drinks, tips and shellfish (the latter is always the costliest on the menu).

$$$	over CUC$25
$$	CUC$12–25
$	under CUC$12

OLD HAVANA

La Barca $$–$$$ *Avenida del Puerto esq Obispo, tel: (7) 864 7777*. Open daily noon–midnight. Overlooking the harbour and the old yacht club, this is a pleasant open-air restaurant in the Habaguanex chain serving good Spanish food with lots of seafood. Alongside is a more upmarket seafood restaurant, Marinero El Templete, where Cuban artists exhibit their works. Each month, a different artist features, as well as illustrating the menu.

La Bodeguita del Medio $$$ *Empredado, 207 e/ San Ignacio y Cuba, tel: (7) 867 1374*. Open daily noon–midnight. Now in its seventh decade, this scruffy, graffiti-scrawled den has played host to celebrities from Sinatra to Salvador Allende. Now a stream of tourists sips mojitos, but the food and service suffers.

Café del Oriente $$$ *Plaza de San Francisco, tel: (7) 860 6686*. Open daily noon–midnight. This slick international restaurant in a beautiful colonial mansion is where to go for that dress-up, blow-out meal. Extensive wine list. Sit on the square for coffee or cocktails.

Café Taberna Beny Moré $$ *Mercaderes 531 esq. a Teniente Rey (corner of Plaza Vieja), tel: (7) 861 1637*. Open daily noon–midnight. In what was Havana's oldest café, named after its first owner, Juan Batista de Taberna, it has been made over with a Beny Moré theme. Live bands day and night; the atmosphere is better than the food.

Los Nardos $$$$ *Paseo de Martí 563, e/ Teniente Rey y Dragones, tel: (7) 863 2895.* Open daily noon–midnight. Quirky and popular, no reservations so wait in line. Decorated with soccer memorabilia and 1930s trophies. Huge portions of meat, fish and lobster. Upstairs with no queue are El Trofeo, serving Cuban and international food, or El Asturianito, for Cuban and Italian food, including good pizzas.

Nerei $$ *Calle 19, 110, e/ L y M, Vedado, tel: (7) 832 7860.* Open daily noon–midnight. Good Cuban dishes served in a dining room stuffed with antiques or outside on the terrace surrounded by plants. Roast suckling pig *(lechón asado)* is the house speciality.

Paladar La Julia $ *O'Reilly 506A, tel: (7) 862 7438.* Open daily noon–11pm. A traditional *paladar* offering huge portions of Cuban food, including good rice and beans. Popular, so come early or make a reservation.

El Patio $$–$$$ *Plaza de la Catedral, tel: (7) 867 1034.* Open daily noon–midnight. One of the capital's romantic settings for a meal, in one of Havana's most splendidly painted and restored colonial courtyards. Creole fare is decent, but it can't match the surroundings. The popular drinks terrace looks out on the Plaza de la Catedral.

Restaurant Van Van $ *58 San Juan de Dios, tel: (7) 860 2490.* Open daily 11am–midnight. Authentic Cuban food served amid colourful, music-inspired décor and in a friendly, lively atmosphere. The menu is slightly limited but the food is fresh.

CENTRO, VEDADO AND MIRAMAR

1830 $$$ *Malecón 12502 e/. Av. 20 y 22, Vedado, tel: (7) 838 3090.* Open noon–midnight. A popular restaurant right at the mouth of the river, a great location for weddings and family celebrations. International food well prepared. Dinner is followed by a cabaret at 10pm and lots of live music.

El Aljibe $$ *Av. 7 e/ 24 y 26, Miramar, tel: (7) 204 1583.* Open daily for lunch and dinner. One of the best dining experiences in the capital is at this thatched-roof restaurant out in Miramar, offering top-flight Creole cooking. The speciality is the all-you-can-eat lemony chicken *(pollo asado El Ajibe)*, with salad, plantains, chips, rice and beans.

La Guarida $$ *Calle Concordia, 418, e/ Gervasio y Escobar, Centro Habana, tel: (7) 866 9047*, www.laguarida.com. Open daily noon–midnight. The most famous *paladar* in Havana, in the crumbling building where much of the Cuban film *Fresa y* Chocolate was filmed. Creative, wonderfully prepared food.

La Torre $$$ *M esq.17, Vedado, tel: (7) 838 3088*. Open daily noon–midnight. At the top of the FOCSA building with great views all over Havana. The restaurant has a high-class kitchen serving French and international food. Open for lunch and dinner, you can stay on till late for drinks at the bar.

VIÑALES

Casa de Don Tomás $–$$ *Salvador Cisneros 140, tel: (48) 796 300*. Open for lunch and dinner. Completely rebuilt after a hurricane destroyed the former handsome colonial building dating from 1879. Food average but it is a pleasant place to come for live music and a cocktail.

El Olivo $$ *Salvador Cisneros 89, tel: (48) 696 654*. Open noon–11pm. This Mediterranean *paladar* is a welcome change from rice and beans. Good fish, pasta, paella and even cheese. The service is slow but the food is tasty. Queues outside are testament to its popularity.

VARADERO

Albacora $–$$ *Calle 59 e/. Av 1ra y Playa, tel: (45) 668 050*. Open daily 9am–midnight. Pleasant setting on a terrace overlooking the sea and a good place to come for seafood.

Mansión Xanadú $$$ *Av. Las Américas, km 4.5, tel: (45) 668 482*. Open daily noon–10.30pm. Grand seaside mansion serving international dishes with variable success. Lunchtime snacks available on the terrace. On the third floor the Casa Blanca Panoramic Bar has cocktails and live music.

CIENFUEGOS

Palacio del Valle $$$ *Calle 37 esq. 2, Punta Gorda, tel: (43) 551 003.* Open daily 10am–11pm. Next to the Hotel Jagua, this ornate early 20th-century Moorish palace (see page 61) has a ground-floor restaurant serving reasonable seafood and paella. Rooftop bar.

TRINIDAD

Estela $–$$ *Calle Simón Bolívar, 557, tel: (41) 994 329.* Open Mon–Fri from 7pm. This *paladar* is probably the most popular place to eat so get there early. Tables are set in a walled garden among the shrubs. The food is fresh, imaginative and there is an extensive menu. Portions are generous and service is friendly.

San José $–$$ *Maceo No. 382 entre Colon y Smith, tel: (41) 994 702.* A trendy *paladar* which probably serves the best pizza on the island. Another good option is the fried plantains stuffed with beef and cheese. Make sure to arrive before 6pm as it gets busy later on. Excellent value for money.

Sol y Son $–$$ *Calle Simón Bolívar, 283, e/ Frank País y José Martí.* Open daily 7–11pm. A colonial house with an entryway that might be an antiques shop and peaceful courtyard, offering such dishes as *cerdo borracho* (drunken pork with rum) and stuffed fish.

CAMAGÜEY

1800 $$ *Plaza San Juan de Dios #113 entre San Rafael y San Juan de Dios; tel: (32) 283 619.* Situated on the city's most beautiful square, this lovely restaurant offers a good variety of tasty Cuban staples, seafood and tapas, plus an excellent buffet. Great atmosphere and music.

Campana de Toledo $ *Plaza San Juan de Dios, tel: (32) 286 812.* Open daily for lunch and dinner. Good – if not memorable – Spanish and Creole fare in one of the city's prettiest courtyards. Live music. Busy at lunch with tour parties.

GUARDALAVACA

El Ancla $$ *Playa Guardalavaca, Banes, tel: (24) 430 381*. Open daily 9am–10.30pm. Seafood platters and pastas and a waterside cocktail terrace in a fabulous site at the eastern end of the beach (cross the beach and river to reach it). A lovely spot for a lobster lunch.

SANTIAGO DE CUBA

El Morro $$–$$$ *Carretera del Morro, tel: (22) 691 576*. Open daily noon–10pm. In a superb clifftop location on a vine-covered terrace next to Castillo del Morro, this restaurant offers excellent Creole fare including shrimp and lobster along with the coastal views.

Santiago 1900 $–$$ *Bartolomé Masó, 354, e/ Hartmann y Pío Rosado, tel: (22) 623 507*. Open daily for lunch and dinner. This spectacular mansion has a beautiful courtyard and two terraces upstairs. You can pay in *pesos cubanos*, which makes a meal absurdly cheap. However, the *criollo* cooking is mostly hit or miss, as are the mojitos.

Zunzún $$$ *Avenida Manduley 159 esq Calle 7, Vista Alegre, tel: (22) 641 528*. Open daily noon–9pm. Elegant dining with marble floors and crystal chandeliers. The food is good, particularly the lobster, and the service is attentive.

BARACOA

La Colonial $ *José Martí 123, tel: (21) 645 391*. Open daily for dinner. Of Baracoa's many good *paladares*, this is one of the nicest, with a seductive decor and ambience, a pretty courtyard and such local fare as coconut-flavoured fish-and-rice dishes and sweet *cucurucho* (shredded coconut with fruit flavouring). Vegetarian options available. Good service.

A–Z TRAVEL TIPS

A SUMMARY OF PRACTICAL INFORMATION

A Accommodation _____ 112
Airports _____ 113
B Bicycle hire _____ 113
Budgeting for
your trip _____ 113
C Camping _____ 114
Car hire _____ 115
Climate _____ 115
Clothing _____ 116
Crime and safety _____ 116
D Driving _____ 117
E Electricity _____ 118
Embassies _____ 118
Emergencies _____ 119
G Getting there _____ 119
Guides and tours _____ 120
H Health and medical
care _____ 121
Hitch-hiking _____ 122

L Language _____ 122
LGBTQ travellers _____ 122
M Maps _____ 122
Media _____ 123
Money _____ 123
O Opening hours _____ 125
P Police _____ 125
Post offices _____ 125
Public holidays _____ 126
R Religion _____ 126
T Telephones _____ 126
Time zones _____ 128
Tipping _____ 128
Toilets _____ 128
Tourist information _____ 128
Transport _____ 129
V Visas and entry
requirements _____ 131
W Websites _____ 132

A

ACCOMMODATION

Standards and facilities have improved dramatically over the past few years. Cuba's new or restored hotels in beach resorts and in Havana typically have pools, restaurants, buffets, boutiques, air conditioning and satellite TV. Top resort hotels offer round-the-clock entertainment, while simpler resort hotels offer some in-house entertainment and invariably have a pool. Elsewhere, there are large, Soviet-style concrete eyesores located on the outskirts of towns, but there are now a number of small, attractive boutique hotels in town centres in renovated old hotels with plenty of character.

Casas particulares – private accommodation in Cuban homes – are inexpensive alternatives that can be the most rewarding way of experiencing Cuba. Not only do you get to know the owners, but there is usually a better standard of service, cleanliness and comfort than in the equivalent or higher value hotel room. The food served is fresher and often cooked better. *Casas particulares* must be registered with the authorities and should display a blue, anchor-shaped sign on or above the front door.

Outside such high periods as Christmas, New Year and Easter, you don't always need advance reservations, but it helps. Your host will often come to the bus station to pick you up so you don't get lost or diverted to another *casa*. For reservations from abroad it is worth checking www.casaparticularcuba.org.

I'd like a room with twin beds/double bed **Quisiera una habitación con dos camas/cama matrimonial**
What's the price? **¿Cuál es el precio?**
Is breakfast included? **¿El desayuno está incluído?**
Is there a private homestay near here? **¿Conoce una casa particular por aquí?**

AIRPORTS (see Getting there)

Cuba's main airport is Havana's José Martí International Airport (tel: (7) 266 4644 (7) 33 5777; http://havana.airportcuba.net), located 20km (12 miles) south of downtown Havana. Hotel and long distance bus reservations can be made at the airport's Infotur office. Varadero's Juan Gualberto Gómez Airport is 22km (14 miles) west of Varadero. Santiago de Cuba's Antonio Maceo Airport is located 6km (4 miles) south of that city. There are also international airports in Camagüey, Cayo Coco, Cayo Largo, Holguín, Santa Clara, Varadero, Cienfuegos, Santiago de Cuba and Manzanillo.

On arrival, if you're on a package holiday a bus will transfer you to your hotel. Independent travellers can book transfers through agencies in their own country; otherwise take a taxi or a bus from Terminal 1 (the domestic flights terminal); buses run until 8pm and payment is by CUPs. From the airport, it costs CUC$25 to downtown Havana by taxi (usually less to return); CUC$10–15 to the centre of Santiago. It's a 40-minute trip from José Martí airport to central Havana. You must pay a departure tax at all airports: CUC$25.

B

BICYCLE HIRE

With the scarcity of public transport, millions of Cubans ride bikes. Most resorts have bikes and mopeds to hire. Many rental bikes are old and have few gears, and serious cyclists intending to tour the country should bring their bikes, as well as plenty of parts and spare tubes. Alternatively, you could try a bike tour with a Canadian-based company WoWCuba (www.wowcuba.com), which also has a branch in Havana.

BUDGETING FOR YOUR TRIP

Compared with the rest of Latin America, Cuba can be surprisingly expensive, but it compares well with the rest of the Caribbean.

Transport to Cuba. The airfare is likely to be your greatest expenditure, especially if coming from Europe or Asia. It's cheapest to travel outside of high season (mid-Dec to mid-Apr) or on a package tour.

Accommodation. Hotels in Havana, Santiago and major resorts are expensive, comparable to North America and Europe. In resorts, all-inclusive deals (meals, drinks and entertainment) can be a good option. Private houses *(casas particulares)* are generally inexpensive.

Meals and drinks. Eating out is rarely very expensive, about CUC$25 per person in a smartish restaurant, but there are many restaurants and *paladares* where you can eat well for around CUC$15 or less. If you are going to drink wine, this puts the price up quite a lot. In a bar, beer costs around CUC$1.50, mojitos CUC$3–6, depending on location.

Local transport. Urban public transport is cheap and improving but still crowded and inefficient. Taxis and *bicitaxis* are the best way to get about within cities and resorts; they are inexpensive.

Incidentals. Entertainment in cabarets and discos is expensive for Cuba (CUC$10–90), and drinks in such nightspots are also much more expensive than in bars and cafés. Gifts like prestigious hand-rolled cigars are expensive, even if much cheaper than they are abroad.

C

CAMPING

There are official campsites in isolated locations all over the island, but they offer basic huts rather than tents. In each major town ask for the Campismo office for local campsites, most of which are used by Cubans on holiday. There are also 21 campsites, hotels or parking sites for tourists using camper vans, with water, power and waste disposal, dotted around the island. Not all of them are available to foreigners, however. Book through an agency abroad, which will issue a voucher for you to present to Campertour (Calle 3 y Malecón, Vedado).

CAR HIRE

There are good reasons for not hiring a car in Cuba. It can be expensive, petrol (gasoline) is pricey by North American standards (although not when compared to the UK), and rental firms are often inefficient and difficult to deal with in the event of car damage or other problems. If you wish to hire a car in one place and return it in another, you must pay the cost of having it returned to its origin. Long-distance buses are reliable and, along with tour buses, go to most places of interest, but only a hire car will allow you to go anywhere you wish, when you wish. To hire a car, you must be at least 21 and have had a year's driving experience. You will need a national or international licence.

Cuba has none of the major international rental agencies. However, there are good local hire firms with offices throughout the island. Here are the main ones: Vía Rentacar (www.carrentalcuba.com), Havanautos (www.havanautos.cu), Cubacar (www.cubacar.info/englisch/) and Rex (www.rex-carrental.com). Rates range from CUC$45 to $100 per day for unlimited mileage. Insurance must be paid locally even if you have prepaid the car hire abroad. If there is any damage to the car, you must pay the first few hundred dollars-worth of repair unless you prove the accident wasn't your fault. You must leave a cash or open credit-card guarantee to cover for this eventuality. Inspect the car before you set off to identify existing dents and scratches.

> I'd like to rent a car for a day/a week **Quisiera alquilar un auto/carro por un día/una semana**
> Fill it up. **Llénelo, por favor.**

CLIMATE

Cuba has a subtropical climate: hot and humid. The chart below shows the average daily temperature in Havana. For beach lovers and sightseers, November to May is the ideal time to visit, though there is plenty of sunshine year-round. Hurricane season lasts from June until the end of November. The more active should avoid the height of summer, when it's debilitatingly hot and wet. The mountains are cooler and the south and east drier and warmer. Oriente, the area around Santiago, can be wickedly hot – much hotter than the western region.

	J	F	M	A	M	J	J	A	S	O	N	D
°C	22	22	23	25	26	27	28	28	27	26	24	22
°F	72	72	73	77	79	81	82	82	81	79	75	72

CLOTHING

During the day you'll rarely need more than shorts or a skirt and a T-shirt (and swimsuit). At night in winter, a light sweater or jacket may be needed. In upmarket hotels, restaurants and nightclubs you are required to dress equally smartly.

CRIME AND SAFETY (see also Emergencies and Police)

Cuba is a remarkably safe place in which to travel – one of the safest anywhere. The crime that does exist is generally directed at possessions rather than people, so place temptation out of sight. Most top hotels provide safes, though usually with a rental charge.

In Havana, be sensible and take the same precautions you would in any unfamiliar city. At night keep to busy and well-lit streets (or walk in the middle of the road if there is no street lighting). There is much less crime outside the capital, but in Santiago you must take the same precautions as you would in Havana.

I want to report a theft. **Quiero denunciar un robo.**
my wallet/handbag/passport **mi cartera/bolso/pasaporte**
safe (deposit box) **caja fuerte**

D

DRIVING

Road conditions. There is little traffic outside of town centres. Most main roads are paved and in fairly good condition, although they are not well signposted. The Autopista Nacional (motorway) runs from Havana west to Pinar del Río and east to Jatibonico, just before Ciego de Avila. From there a good road heads east to Santiago de Cuba. A number of rural roads are not paved. Beware of potholes: some are big enough to cause real damage. Other hazards are cyclists, hidden railway crossings and wandering livestock. Driving at night is not advisable; Cubans often drive with headlights on full beam and animals may wander onto the road.

Rules and regulations. To drive, you must be 21 and have a valid driver's licence. Drive on the right. Speed limits, strictly enforced, are 100km/h (62mph) on the highway (motorway), 90km/h (56mph) on other open roads, 60km/h (37mph) on smaller rural roads and 40km/h (25mph) in urban areas. You are likely to get an on-the-spot fine if caught breaking the speed limit. Insurance is mandatory, as is wearing seatbelts. It's common practice to sound your horn when passing to let vehicles without rearview mirrors know what's happening.

Fuel *(gasolina)*. Cupet stations are spread throughout the country and are open 24 hours. They are not self-service. Petrol or diesel must be paid for in CUC$. The quality of regular petrol is poor, and many rental companies insist that you purchase expensive *'especial'* fuel.

stop **pare**
caution **cuidado**
no parking **no parqueo**
give way (yield) **ceda el paso**

one-way **dirección única**
danger **peligro**
car registration papers **permiso de circulación**
driver's licence **licencia de manejar**
How do I get to ... ? **¿Cómo se puede ir a ... ?**
Is this the right street for ... ? **¿Es ésta la calle que va a ... ?**
Full tank, please. **Llénelo, por favor.**
My car has broken down. **Mi carro tiene problemas mecánicos.**
I have a flat tire. **Tengo la goma ponchada.**
May I park here? **¿Se puede aparcar aquí?**
Is this the highway (road) to ... ? **¿Es ésta la carretera hacia ... ?**

E

ELECTRICITY

Electrical appliances in hotels and *casas particulare*s operate on either 110 volts or 220 volts. Most outlets accept flat-pin plugs, some round-pin plugs. Take an adapter; a converter might also be necessary.

What's the voltage? **¿Cuál es el voltaje?**
adaptor/a battery **un adaptador/una pila**

EMBASSIES

Canada: Calle 30, no. 518, e/ 5 y 7, Miramar, Havana, tel: (7) 204 2516, (7) 204 7079; www.canadainternational.gc.ca.
UK: Calle 34, no. 702/4, esq 7, Miramar, Havana, tel: (7) 214 2200; www.gov.uk. The UK embassy also represents New Zealand interests and will help Australian and Irish citizens in an emergency.

US: Since the renewal of diplomatic relations between the US and Cuba, the Interests Section (in the Swiss embassy) has become the US embassy: Calzada e/ L y M, Vedado, Havana, tel: (7) 839 4100.

EMERGENCIES (see also Health and medical care and Police)

Asistur, a state-run organisation, helps foreigners with medical or financial problems and is affiliated with a number of international travel insurance companies. For a 10 percent commission, they can negotiate a cash advance if provided with bank details overseas. They can also help to find lost luggage and issue travel documents. Asistur's main office is at Paseo del Prado, 208 e/ Colón y Trocadero, Old Havana, tel: (7) 866 4499, www.asistur.cu. There are also offices in Cayo Coco, Guardalavaca, Santiago and Varadero. All offices open 24 hours.

Useful telephone numbers: Police 106, Fire 105, Ambulance 104, Information 113. These numbers may not work in remote areas so ask your hotel or *casa particular* or call Asistur, where you will be put through to someone who speaks English.

G

GETTING THERE (see also Airports)

Most flights into Cuba are charters, arriving at Havana, Varadero and several other airports convenient to beach resorts such as Cayo Coco, Playa Santa Lucía and Guardalavaca. From Canada, scheduled flights to Cuba leave from Montreal or Toronto, taking around four hours. There are also charters from Vancouver, Halifax and Ottawa. From Europe, Cubana flies from London, Paris, Moscow, Madrid and Rome; Air France flies to Havana from Paris; Iberia flies from Madrid and Virgin Atlantic flies from London. From Australia and New Zealand, the options include travelling through Canada, Mexico or other points in Latin America.

Scheduled flights are now operating (in addition to charters) from the US to Cuba. American Airlines, Jet Blue, Delta,

Southwest and Sun Country are the main carriers, flying from Miami, Atlanta, Chicago, Philadelphia, Minneapolis and Fort Lauderdale.

Those wishing to circumvent travel restrictions from the US usually go through Canada (Toronto, Montreal, Vancouver), Mexico (Mexico City, Mérida, Cancún), Bahamas (Nassau) or Jamaica (Kingston, Montego Bay). Havanatur, www.havanatur.com is an online travel service which handles tourist cards as well as roundtrip air tickets on Cubana Aviación.

Similar arrangements can be made through Canadian, Jamaican and Mexican airlines and travel agencies.

GUIDES AND TOURS

Most still come to Cuba on package tours, which may include a group excursion or two. If you wish to travel independently and have found a hotel-airfare package that is cheaper than separate arrangements or airfare alone, you are not obligated to go along with the group once in Cuba. Plenty of people check into their resort hotels and take off on their own.

The most popular and straightforward way of exploring Cuba is on group excursions. However, these trips – available in any tourist hotel and led by English-speaking tour guides – may insulate you from the most interesting aspects of Cuban life. You can reach virtually the whole island from any resort on excursions; most are flexible and will allow you to break up a daytrip and stay overnight if you wish to explore on your own.

Freelance 'guides', offering to take you to *casas particulares* and *paladares* (privately run lodgings and restaurants) or obtain cigars and prostitutes, are omnipresent in Cuba.

Another way to explore the island, albeit a more expensive one, is on a Harley Davidson with La Poderosa Tours (www.laporderosatours.com), run by the son of Che Guevara. Prices for a seven-day tour start from US$3,250.

HEALTH AND MEDICAL CARE (see also Emergencies)

Cuba has an excellent national health system. There are no mandatory vaccinations required for travel to Cuba; nonetheless, some health professionals recommend vaccinations against typhoid and hepatitis A.

Although Cuban water is chlorinated, tap water is not generally safe to drink. Bottled mineral water *(agua mineral)* is widely available and recommended. The most likely source of food poisoning is from unhygienic hotel buffet food. Cuban food is very plain, and upset stomachs are less common than in many other countries.

The Cuban sun can burn fair-skinned people within minutes. Use plenty of sunscreen and wear a hat. It's also easy to become dehydrated, so be sure to drink plenty of water. Mosquitoes are a menace from dusk to dawn in coastal resorts. Air conditioning helps keep them at bay, but apply insect repellent.

If you need to see a doctor, contact your hotel's reception desk. Large resort hotels have their own doctor. All the island's main resorts have an international clinic *(clínica internacional)*, as do Havana, Santiago de Cuba, Cienfuegos and Trinidad. Medical treatment in Cuba is excellent and free for Cubans. Foreigners, however, must pay. Such treatment is expensive, so proper insurance is essential; it is mandatory to have health insurance before you arrive in Cuba.

Every town has an all-night pharmacy *(farmacia)*. The range of medicines has become severely limited. Resorts have better-stocked international pharmacies, though prices can be astronomical.

I'm sick. **Estoy enfermo(a)**.
Where's the nearest hospital? **¿Dónde está el hospital más cercano?**
Call a doctor/dentist. **Llame a un médico/dentista.**

HITCH-HIKING

Although hitching a ride in Cuba is easy and safe, it is not recommended because of the possibility that police may fine your benefactor on suspicion that he's earning dollars illegally. If you're looking to hitch, the biggest problem you'll encounter is the paucity of vehicles (at least outside the major cities).

L

LANGUAGE

The official language is Spanish, Increasing numbers of Cubans are learning English (French, Italian and other languages), and many people in the tourist industry are fluent, but you will most likely need some Spanish, especially outside tourist hotels and major resorts. The *Berlitz Latin American Spanish Phrase Book & Dictionary* includes over 1,200 phrases useful for travellers.

LGBTQ TRAVELLERS

The hardline Cuban policy on homosexuality has lessened in recent years (sex between consenting adults was legalised in 1979) and there is generally a more tolerant attitude. It is still not the most LGBTQ-friendly place to visit, although there are a growing number of openly gay people – mostly in the capital and in some small, laid-back places such as Viñales and Baracoa.

M

MAPS

The best road map of Cuba is 'Guía de Carreteras' by the Directorio Turístico de Cuba (on sale in Cuba for CUC$12). Other maps are 'Cuba: ITM 190' (ITMB), 'Cuba' (Globetrotter Travel Map) and 'Cuba' (Nelles Map). Hotels and bookshops in Havana and Santiago sell reasonable maps and the Infotur desk at Havana airport is a good place to look on arrival.

MEDIA

You will not receive much outside news in Cuba, although many tourist hotels offer CNN. You might find a stray European newspaper at major hotels in Havana or resorts, but it's not likely. The main national newspaper, *Granma*, is the mouthpiece of the government. A weekly *Granma* international edition is published in English, French, Portuguese and German, with cultural features of tourist appeal. Four- and five-star hotels (particularly in Havana) often carry foreign publications from *Time* to *Cosmopolitan*.

Cuban national television is broadcast on five state-owned national channels. Foreign films (usually American) are shown on Thursday, Friday, Saturday and Sunday. Soaps, usually Brazilian, Colombian, Mexican or Cuban, are extremely popular. Tourist hotels all have satellite TV and more than 20 channels.

Just about everyone in Cuba has a radio, and loud music is a constant background sound wherever you go. There are six state-owned national radio stations and each province has its own station as well. Radio Reloj (Clock Radio) gives round-the-clock news on AM to the infuriating background noise of a ticking clock; Radio Havana Cuba broadcasts news and features on short wave. Voice of America broadcasts from 6pm on 7070, short wave. Radio Martí, Voice of America's Spanish-language propaganda service, broadcasts from Miami, and often changes its frequency to avoid jamming, but without much success.

MONEY

Currency. Although Raúl Castro has announced his intention to unify the currency, at the moment Cuba still has two currencies, the *peso cubano* (CUP), or national peso, and the *peso convertible* (CUC), or convertible peso. The latter is the one which tourists use most of the time, as it is fully exchangeable for foreign currencies. Tourists have to use the *peso convertible* for all payments such as restaurant bills, hotel bills (if not paid in advance), transport and souvenirs. The only time *pesos cubanos* are needed is in very out of the way places, for street food,

snacks or in a rural market, or if you take a local bus. Local town buses cost 20–40 centavos and you are unlikely to need to exchange more than US$5 into *pesos cubanos* for a two-week stay. Spend all your CUCs before you leave the island, as they can't be exchanged outside Cuba. The only place in Cuba where you can change pesos into other currencies is at Havana airport.

Currency exchange. For accounting purposes, the *peso convertible* is fixed at US$1 = CUC$1, but there is a 10 percent tax on all US dollar exchange transactions. You are advised to bring euros, sterling or Canadian dollars, which do not attract the tax. Bring plenty of cash and make sure that the notes are clean and undamaged; any with writing on them or tears will be rejected. There are banks and *casas de cambio* (exchange houses, called a CADECA) where you can exchange your money. If you want to buy *pesos cubanos*, the rate is CUC$1 = CUP25.

Credit cards *(tarjetas de crédito)*. An increasing number of outlets accept credit cards (Access/MasterCard, Visa and others), including many tourist shops, upmarket hotels and restaurants, airlines, petrol stations and car hire companies. Nevertheless, nobody should rely solely on credit cards, as not everybody accepts them and, even if they do, telephone lines are sometimes out of action so payments cannot be processed. Cuba remains a largely cash *(divisa)* economy. Getting change from big notes is often difficult, so it is worthwhile keeping a stock of 10s, 5s and single notes in your wallet.

ATMs. Cuba has a growing network of automatic teller machines in cities. Your hotel will know if ATMs are in place by the time of your trip. Several banks (Banco Financiero is one) and CADECAs give over-the-counter cash advances on credit or debit cards on production of a passport, but charge high commission.

> May I pay with a credit card? **¿Se puede pagar con tarjeta?**
> How much is that? **¿Cuánto es?**

O

OPENING HOURS

Offices are usually open weekdays from 8.30am to 5 or 6pm, with a one-hour lunch break. Some are open on Saturday mornings, from 8am to noon or 1pm. Banks are typically open weekdays from 8.30am to 3pm.

Some museums open daily, but most close for one day (usually Monday) and also close on Sunday at noon or 1pm. Typical museum hours are 9am (sometimes 8am or 10am) until 5pm (sometimes 4pm or 6pm). Regardless of when you go, you'll find several closed for renovations; make inquiries before travelling a long way.

Restaurants do not typically stay open late; most close their doors around 10pm or even earlier. The great exception is *paladares*, which are usually open from noon to 11pm or midnight.

Farmers' markets open early, from around 7am or even earlier, and close when traders decide to leave – usually between 4 and 6pm. CUC retail stores (often referred to as dollar stores) are all over Cuba; most open Mon–Sat 10am–5pm but may stay open later. CUC supermarkets usually open Mon–Sat 9am–6pm and Sun 9am–1pm. Many of the bigger stores open 9am–9pm.

P

POLICE

Most police are helpful and friendly, even though they occasionally harass Cubans (or, more specifically, anyone of dark skin colour who might be assumed to be Cuban) accompanying foreigners. If you are robbed, make sure you get a police report, a time-consuming affair.

POST OFFICES

You can buy stamps *(sellos)* with *pesos convertibles* at hotels, although this costs more than if you buy them with *pesos cubanos* at post offices. Some stamps are not sticky and you have to ask a post office or hotel desk for glue. Cuba's post system is unreliable and slow. Postcards *(tarjetas postales)* sent to Europe take from two weeks to a month or more to arrive.

Post offices are generally open weekdays 8am to 5pm and Saturday 9am to 3pm. You'll find post offices in every rural town; cities have several branches. In Havana, the best one to use is the one in the Hotel Havana Libre in Vedado (Calles L and 23). More efficient mailing services are available through DHL Worldwide Express, with offices in several cities. In Havana, there's one in the Hotel Havana Libre.

PUBLIC HOLIDAYS

The following days are public holidays in Cuba:

1 January Anniversary of the Triumph of the Revolution: Liberation Day
19 April Anniversary of the Bay of Pigs victory
1 May International Workers' Day (Labour Day)
25–27 July National Rebellion Day (26 July)
10 October Independence Day

R

RELIGION

Roman Catholicism in Cuba is strongly intertwined with Afro-Cuban religions such as *santería* (see page 33). Many aspects of these religious practices can be experienced by visitors. The government blunted the power and influence of the Catholic Church in the early 1960s, but mass is still said in churches throughout the island, and since the Pope's visits to Cuba in 1998, 2012 and 2015 there has been a resurgence of Catholic practice.

T

TELEPHONES

Cuba's country code is 53. In addition, each area of the island has its own area code (for Havana it is 7). To make an international call from Cuba dial 119, then the country code, the area code and the phone number.

To make a domestic call, add the area code (for example, 7 for Havana). For interprovincial calls you first have to dial the appropriate prefix (0 to and from Havana, 01 for all other provinces), followed by the area code, then the number itself. When phoning Cuba from abroad, drop the 0 or 01. Dial 113 for the free domestic telephone enquiries service.

Top hotels have direct-dial facilities for all calls. Elsewhere you can make domestic calls on a direct line, but you will need to go through the hotel operator for international calls. International calls from Cuba are very expensive (CUC$2.20–4.40 per minute). As they do everywhere in the world, hotels charge a significant surcharge on calls.

Public phones which take coins (20 centavos or 1 peso Cubano) are now rare; most have been converted to take pre-paid phone cards *(tarjetas)*. Tourists are supposed to buy them in CUC$, in denominations of CUC$10–50, while Cubans pay in CUP$. The state telecommunications company is ETECSA, also known as Telepunto, which offers a full range of services.

Mobile phones can be rented through Cubacel, which can be found at ETECSA and Telepunto offices. They cost about CUC$8 a day to hire, plus a CUC$3 activation fee, and call charges are high. You can use your own phone in Cuba (where there is a signal) and texting is often cheaper, quicker and easier than queuing to use the internet at ETECSA. All mobile numbers begin with 5 and have 8 digits. To call a mobile from Havana dial 0 and then the number, from other provinces dial 01 and then the number. Area codes are not needed.

I'd like make a telephone call ... **Quisiera hacer una llamada ...**
to England/Canada/ United States. **a Inglaterra/Canadá/ los Estados Unidos.**
reverse-charge call **cobro revertido**
Can you get me this number in ... ? **¿Puede comunicarme con este número en ... ?**
phone card **tarjeta telefónica**

TIME ZONES

Cuba is five hours behind GMT. It operates on Eastern Standard Time in winter and Daylight Saving Time (one hour later) from April to October.

San Francisco	**Cuba**	New York	London	Sydney
9am	**noon**	noon	5pm	2am

TIPPING

Taxi drivers, waiters and hotel staff should be tipped in CUCs – this is the only access to convertible currency that they get. Ten percent is usual for taxi drivers and restaurant staff. You should leave CUC$1 a day for a hotel chambermaid.

TOILETS

It's often best to carry a roll of toilet paper with you at all times in Cuba, as many establishments do not provide their own. Those that do often demand a few cents for providing it – so it's worth carrying some small change.

TOURIST INFORMATION

There are official Cuban government tourism offices in Canada and Britain but not in the US:

Canada: 1200 Bay Street, Suite 305, Toronto, Ontario M5R 2A5, tel: (416) 362 0700; www.gocuba.ca.

UK: 167 High Holborn, London WC1V 6PA, tel: (020) 7240 6655; www. travel2cuba.co.uk.

In Cuba itself, there is no centralised system providing tourism information, and reliable information is sometimes hard to come by. Instead, you must rely upon hotels and travel agencies, whose primary function is to sell excursion packages. In Cuba all hotels have a tourism desk (*buró de turismo*).

Infotur is the only tourist information service, although other state tour operators will help. The main office is at Obispo, 521 e/ Bernaza y Villegas in Old Havana, tel: (7) 866 3333. Other branches are at the airport terminals; Av. Las Terrazas e/ 11 y 12, Santa María del Mar, Playas del Este, tel: (7) 797 1261; Av. 5 y 112, Miramar, tel: (7) 204 7036; and Obispo y San Ignacio, Old Havana, tel: (7) 863 6884.

TRANSPORT

Taxis. There is only one state taxi company, Cubataxi, tel: (7) 855 5555 in Havana. You can call them or pick them up from designated ranks (usually outside hotels, major museums, bus stations and airports). They are metered and fares are paid in *pesos convertibles*. Private taxis (which might or might not be licensed) also circulate. The lumbering vintage American cars with taxi signs (*colectivos* or *máquinas*) have fixed routes and are usually reserved for Cubans, although the smarter versions, owned by the Grancar company, are state-owned and geared towards tourists – in Havana call (7) 338 417980.

You can hire any taxi for a single fare or a day. Many owners of private cars (*particulares*) also operate legally as freelance taxi drivers, although it is illegal for them to carry tourists. Owners face large fines if caught, so it's best to ride in official taxis.

Buses (*guaguas*, pronounced 'wah-wahs'). Buses are the backbone of Cuba's public transport system, but urban buses in Havana are not a great option for tourists. There are too few of them, they're uncomfortable, they're usually full when they do arrive, there are long queues and there is a risk of being pickpocketed. A better option for tourists is the hop-on, hop-off service called the HabanaBusTour, with two routes, one from the Almacenes San José on Av del Puerto to Vedado, Plaza de la Revolución and Miramar (CUC$10 per day) and the other from the Parque Central out to Playas del Este via the Castillo del Morro (CUC$5). A similar service runs from Varadero to Matanzas; from Trinidad to Playa Ancón; and around Viñales.

For travel between cities, towns and resorts of major tourist interest, however, there is a company named Víazul (Av. 26 e/ Av. Zoológico y Ulloa, Nuevo Vedado; tel: (7) 883 6092; www.viazul.com). It operates air-conditioned tour buses to Varadero, Viñales/Pinar del Río, Cienfuegos, Trinidad, Santa Clara, Sancti Spíritus, Ciego de Ávila, Camagüey, Holguín, Las Tunas, Bayamo and Santiago de Cuba. Prices range from US$10 (Havana to Varadero Airport) to US$51 (Havana to Santiago). If you're not hiring a car in Cuba but travelling independently, Víazul is the way to go. It's far more efficient, faster and more reliable than trains. Another company, Astro, also runs long-distance buses but they are for Cubans.

Trains *(trenes)*. Journeys are extremely slow, schedules unreliable, and breakdowns are frequent. There are no express trains, almost all are local services that stop at every station. Trains usually run only on alternate days or a couple of times a week to most destinations. The train between Havana and Santiago de Cuba takes at least 15 hours, usually many more. It runs every other day, with stops at Santa Clara, Camagüey and Santiago (CUC$30, cash only). In Havana you can make bookings at the Estación Central, Arsenal y Ejido (tel: (7) 861 1920).

Domestic flights. Flying in Cuba is the quickest and most reliable form of transport for long trips. It's also good value (flights range from about CUC$43–143 each way). Flights fill up fast, so book in advance from your home country if possible. Cubana, the national airline, provides domestic flights to 13 destinations from the capital, including to Baracoa, Camagüey, Ciego de Ávila, Cienfuegos, Guantánamo, Holguín, Nueva Gerona (Isla de la Juventud), Santiago and Varadero. Frequency varies enormously, from several daily flights to Santiago to twice weekly to Baracoa. Tickets can be purchased in Cubana offices around the country or from the main office in Havana on Calle 23 (La Rampa), no. 64 esq. Infanta (tel: (7) 834 4446), or at the airport, Terminal 3 (tel: (7) 649 0410.

Bicycle taxis. Havana's *cocotaxis* are yellow three-wheeled buggies powered by motorcycle engines. They are just as plentiful as car taxis in Havana and cost 50 centavos per kilometre. *Bicitaxis*, pedicabs, are a fun way to traverse the city on short trips. Note that only some *bicitaxis* are licensed to carry foreigners; unlicensed ones should not be used.

Horse carts *(coches)*. Due to fuel shortages, in virtually every city except Havana and Santiago there are horses pulling covered carts and plush little carriages up and down the main streets. Ironically, horse carriages acting as taxis have become a tourist attraction in the resorts.

When's the next bus/train to...? **¿Cuándo sale el próximo autobús/tren para...?**
What's the fare to...? **¿Cuánto es la tarifa a...?**
A ticket to... **Un billete para...**
single (one-way) **ida**
return (roundtrip) **ida y vuelta**

V

VISAS AND ENTRY REQUIREMENTS

All visitors entering Cuba must show a passport valid for at least six months beyond the date of arrival in Cuba. In addition, visitors must have a tourist card (tarjeta de turista), issued by the Cuban Consulate directly or, more commonly, through a travel agent. This will be valid for the length of your planned visit, but can be extended (once) up to the date shown on your return aeroplane ticket – as long as the total time you are in the country does not exceed 60 days. Immigration officials stamp your tourist card, not your passport. Do not lose it – you must show it when you leave the country.

Visas for US citizens. These are handled by the Cuban Embassy in Washington, DC. Travel to Cuba for tourist activities remains prohibited by the US state; however visas are issued under one of 12 categories for travel. For details, visit https://cu.usembassy.gov.

W

WEBSITES

Although few Cubans have access to the internet, Cuba is surprisingly well served by the web. From sites about the US embargo and travel restrictions to traveller recommendations, there is a wealth of information. A few sites worth exploring include the following:

www.dtcuba.com Cuban Tourist Directory site

www.cubaweb.cu Official government site

www.cubatravel.cu Official tourist site

www.cuba.com English/Spanish website packed with information

http://www.visitcuba.com/ Website with lots of information about Cuba and its culture

http://www.cuba-junky.com A comprehensive site for all Cuba lovers.

www.casaparticularcuba.org Accommodation booking service

www.lahabana.com A guide to the city and its arts and culture

RECOMMENDED HOTELS

The very best hotels are joint ventures with private firms from Spain, Canada and other countries. These are of an international standard. Many others, though, are a notch or two down from what you'd expect in Europe, North America or Asia. In Old Havana hotels in renovated colonial mansions are run by Habaguanex (www.habaguanexhotels. com) and are beautiful places to stay. At the inexpensive level, hotels around the island are often lacking in ambience and amenities.

Casas particulares – accommodation in private homes – are not only a better-quality and much cheaper alternative to the inexpensive hotels; they allow you a glimpse into unguarded Cuban life. They generally cost CUC$15–35 per room, depending on the location and the season. Your hosts usually also offer breakfast and evening meals at a small extra cost. You'll find a very abbreviated list of recommended private-home *casas* following the regular hotel listings below; however, others are very easy to find.

The price categories below, in US dollars, are for a standard double room, excluding meals, in high season (mid-December to mid-April, July to August). Prices drop by 15–30 percent during other months. All accommodation is paid for in *pesos convertibles*. Only top hotels accept credit cards. For reservations it's best to call directly and get a confirmation number.

$$$$	over $150
$$$	$100–150
$$	$50–100
$	under $50

HAVANA

Old Havana

Ambos Mundos $$ *Obispo 153 esq. Mercaderes, Habana Vieja, tel: (7) 860 9530, www.gaviotahotels.com.* Hemingway wrote much of *For Whom the*

Bell Tolls in room 511 of this historic hotel (opened in 1920). It's in the heart of Old Havana, on one of its most picturesque streets. The rooms are adequate in size, nicely decorated, but not all have windows to the outside. On the ground floor is an airy, lovely piano bar and the rooftop bar offers great views. 52 rooms.

Hotel Florida $$ *Calle Obispo 252 esq. Cuba, Habana Vieja, tel: (7) 862 4127, www.hotelfloridahabana.com.* A marvellous colonial mansion built in 1836, achieves affordable luxury. It originally became a hotel in 1885 but reopened only in 1999. It is elegant, with plush public rooms, a lovely courtyard, and a great location just a couple of blocks from the Plaza de Armas. Some rooms have balconies. Piano bar, lobby bar and restaurant. 25 rooms.

Hotel Mercure Sevilla $$$ *Trocadero, 55 e/ Zulueta y Animas, Habana Vieja, tel: (7) 860 8560, www.hotelmercuresevillahabana.com.* This restored turn-of-the-20th-century establishment, of Spanish and Moroccan inspiration has a sumptuous lobby, magnificent rooftop restaurant and other excellent dining options. Guests have included Al Capone, Josephine Baker and Enrico Caruso, and scenes from Greene's *Our Man in Havana* were set here. Rooms are comfortable and stylish. Good pool, gymnasium, billiards/snooker, sauna, massage and solarium. 178 rooms.

Hotel Santa Isabel $$$$ *Calle Baratillo, 9 e/ Obispo y Narciso López, Habana Vieja, tel: (7) 801 1201, www.habaguanexhotels.com.* This small, quiet, gorgeously restored hotel is an 18th-century palace right on the Plaza de Armas. Sumptuous rooms have period furniture, and the hotel features a lovely courtyard and great views from the roof. Recent guests have included former US President Jimmy Carter, Sting and Jack Nicholson. Breakfast is served overlooking the Plaza. 27 rooms and suites.

Hostal Valencia $$ *Oficios, 53 esq. Obrapía, Habana Vieja, tel: (7) 867 1037, www.habaguanexhotels.com.* In an 18th-century mansion between Plaza de Armas and Plaza Vieja, this small Spanish-style yellow colonial is utterly charming. One of the city's best deals, it features rooms (no air conditioning) surrounding a delightful green courtyard. Book well in advance. 12 rooms.

Vedado

Hotel Nacional de Cuba $$$ *Calle O esq. 21, Vedado, tel: (7) 836 3564,* www.hotelnacionaldecuba.com. A classic feature of New Havana, this landmark 1930 hotel rises above the Malecón. Former guests include Hemingway, Churchill, Frank Sinatra, Ava Gardner, Errol Flynn, Marlon Brando and gangsters Meyer Lansky and Lucky Luciano. Rooms are large, and most have sea views. It has a stunning dining room, two pools, a nightly cabaret show, gardens, terraces and bars. Prices include breakfast. 467 rooms.

Tryp Habana Libre $$$ *Calle L e/. 23 y 25, tel: (7) 834 6281,* www.melia-cuba.com. An iconic tower hotel which opened in 1958 as the Hilton but was renamed in 1959 when it became the Revolutionary headquarters for a few months. Fascinating photos of that time line the hotel lobby. It is now a luxury hotel with lots of facilities including a shopping mall, airline offices, coffee shop, good restaurants and the Cabaret Turquino on the 25th floor with a roof which opens so you can dance under the stars. 569 rooms.

PINAR DEL RÍO PROVINCE

Horizontes La Ermita $$ *Carretera de la Ermita, km 2, Viñales, tel: (48) 796 250,* www.hotelescubanacan.com. This contemporary, low-slung hotel of Spanish colonial design is lacking in service and is simply and minimally furnished, but it has some of the finest views in the country, particularly from the swimming pool. All rooms open onto private balconies with chairs where the verdant valley and spectacular sunsets fill the horizon. An enjoyable 20-minute walk from Viñales town. 62 rooms.

Horizontes Los Jazmines $$ *Carretera de Viñales, km 23.5 (3km from Viñales), tel: (48) 796 205,* www.hotelescubanacan.com. This pretty hotel on the edge of the beautiful Viñales valley has stupendous panoramic views. Bedrooms have balconies and air conditioning. The pool can get a bit crowded. Horse-riding is available, and there are organised tours. 62 rooms and 16 small *cabañas*.

Isla de la Juventud

El Colony $$ *Carretera de Sigueanea, km 16, tel: (46) 398 181,* www.hotel
elcolony.com. On the coast, 42km (26 miles) southwest of Nueva Ge-
rona, this is an isolated 1950s tourist enclave of exclusive interest to
divers. The hotel is adequate but the diving is superb. Lots of activities.
77 rooms and 24 bungalows.

Cayo Largo

Sol Pelícano $$$$ *Cayo largo del sur, 12345, tel: (45) 248 333,* www.hotel-
solpelicano.com All the hotels on Cayo Largo del Sur are all-inclusive,
booked as packages from abroad. This 4-star hotel has all the facilities
you could possibly need for a successful beach holiday, offering activi-
ties such as diving and lots of entertainment for children. 307 modern,
functional rooms and junior suites.

MATANZAS PROVINCE
Varadero

Meliá Las Américas $$$$ *Carretera Las Morlas, Playa Las Américas, tel:
(45) 667 600,* www.meliacuba.com. This swanky 5-star hotel is a highly-
ranked all-inclusive golf and beach resort offering international quality
and facilities. Adults only. 332 rooms and suites.

Meliá Varadero $$$$ *Autopista del Sur, Playa Las Américas, tel: (45)
667 013,* www.meliacuba.com. Located next to the Plaza Las Americas
Convention Center and Shopping Center and the Varadero Golf Club.
This is an all-inclusive mega-complex with tons of amenities: fountain,
pool, five restaurants, nightclub, shops and more. Direct beach access.
490 rooms.

Starfish Cuatro Palmas Varadero $$$ *Avenida 1ra e/ 60 y 64, tel:
(45) 667 040,* www.starfishcuatropalmas-varadero.com. An attractive
beachside complex with colonial-style villas and bungalows on either
side of the road. Some of the rooms (which can be a little worn) are

arranged around an excellent pool. 282 rooms with air conditioning. Convenient for down town, nightlife and restaurants.

Zapata Peninsula

Villa Horizontes Guamá $ *Laguna del Tesoro, Ciénaga de Zapata, tel: (45) 915 551*, www.hotelescubanacan.com. Reached by boat, this is one of the most distinctive places to stay in Cuba, set out as a replica Taíno village. Thatched huts are spread over interconnected islands in the middle of a swamp. Mosquito repellent essential. Good for birdwatching. Crocodile on the menu.

CENTRAL CUBA

Cienfuegos

La Unión $$$ *Ave 31 esq. 54, tel: (43) 551 020*, www.meliacuba.de/kuba-hotels/hotel-la-union. The building dates from 1869 and has been restored into a hotel, making this one of the nicest places to stay in the area, but its town centre location means it can be noisy. Facilities include a business centre, gym, courtyard, pool (which can get very crowded), car rental, restaurant and bars.

Trinidad

Iberostar Grand Hotel Trinidad $$$ *José Martí 262 y Lino Pérez, tel: (41) 996 070*, www.iberostar.com. Centrally located, this is the best hotel in the area. Good service, good food, lovely renovated old building. 40 rooms, some with balconies overlooking the plaza, but no pool or terrace.

Cayo Coco

Tryp Cayo Coco $$$ *Cayo Coco, tel: (33) 301 300*, www.meliacuba.com. One of Cuba's most attractive resort hotels, a replica of a colonial village amid palm gardens and by a dazzling white beach. The pastel-coloured villas are interwoven by a magnificent sculpted pool. Watersports, diving centre, restaurants, and shops are all available. 508 rooms.

Cayo Guillermo

Iberostar Daiquirí $$$ *Cayo Guillermo, tel: (33) 301 650*, www.iberostar.com. A good, popular, all-inclusive family hotel, with bright, recently refurbished rooms, each with its own balcony. The hotel is set on a long, narrow beach with shallow sea. Good food, buffet or themed restaurants, nice pool, excellent service. 312 rooms.

Camagüey

Gran Hotel $$ *Calle Maceo, 67, tel: (32) 292 093*, www.meliacuba.com. This colonial building in the heart of town has been a hotel since 1939. Handsome lobby, pleasant piano bar and nice suites. Most rooms have balconies, but those overlooking the street can be noisy. 72 rooms.

Playa Santa Lucía

Bravo Caracol $$$ *Playa Santa Lucía, tel: (32) 365 158*, www.galahotels.com. The resort's prettiest hotel has flower gardens and two-storey villas with fancy bedrooms, each with balcony, sea view and sitting area. Lots of activities and facilities. 150 rooms.

ORIENTE: THE EAST

Guardalavaca

Paradisus Río de Oro Resort and Spa $$$$ *Playa Esmeralda, tel: (24) 430 090*, www.meliacuba.com.com. This all-inclusive resort is the best in the area and one of the most luxurious hotels in Cuba, situated on a pretty bay. Four very good restaurants including Japanese and Creole.

Santiago de Cuba

Hotel Casa Granda $$$ *Heredia, 201 (on Parque Céspedes), tel: (22) 686 600/653 021*, www.galahotels.com. A grand white building in the heart of Santiago, overlooking the main plaza, this classic hotel is a great place for people-watching, but the rooms are tired and dingy. In its heyday Joe

Louis and Graham Greene's 'Man in Havana' stayed here. Terrace bar with great views. 58 rooms.

Hotel E San Basilio $$ *San Basilio 403 e/ Calvario y Carnicería, tel: (22) 651 702.* Central and convenient for shops and sites of interest, this boutique hotel is simple but charming. Restaurant, lobby bar, and only 8 rooms.

Meliá Santiago de Cuba $$$$ *Av. de las Américas y Calle M, tel: (22) 647 777,* www.meliacuba.com. Santiago's most ostentatious hotel, 3km (2 miles) from the centre. Six bars, luxury pool, indulgent buffets and snazzy nightclub. 302 rooms.

Baracoa

Hotel El Castillo $$ *Calixto García, Loma del Paraíso, tel: (21) 645 165.* One of Cuba's most charming hotels, converted from one of Baracoa's old forts. Perched on a cliff, it has a fine pool, gardens, mountain views, helpful staff and spacious bedrooms. A real bargain. 34 rooms.

Hostal La Habanera $$ *Maceo 68 esq. Frank País, tel: (21) 645 273.* This pretty pink building in the town centre was converted to a hotel in 2003 and is designed on traditional lines with an internal courtyard and balconies. Small and stylish, it also has the best restaurant food in Baracoa. 10 rooms.

CASAS PARTICULARES (PRIVATE LODGINGS)
Havana

Casa Federico $ *Cárcel 156 e/ San Lázaro y Prado, Old Havana, tel: (7) 861 7817,* email: llanesrenta@yahoo.es. Spacious rooms in an apartment just off the Malecón. Good breakfasts, the only drawback is the climb up the 64 stairs. Friendly and helpful hosts.

Evora Rodríguez $ *Prado 20 e/. San Lázaro y Cárcel, Old Havana, tel: (7) 861 7932,* email: evorahabana@yahoo.com. Amazing apartment on ninth floor with tremendous views up the Prado and over the harbour to the fortresses. Huge rooms with large bathrooms, big windows open to sea breezes, making it light and airy. English spoken, good breakfast.

Melba and Alberto $ *Galiano 115, Apt 81, e/. Animas y Trocadero, Centro, tel: (7) 863 5178*, email: barracuda1752@yahoo.es. Rooms in an apartment on the eighth floor with great views from the balconies and worlds away from the down-at-heel street life of Centro. Comfortable rooms with use of kitchenette. Excellent meals offered.

Trinidad

Casa Colonial Muñoz $ *José Martí, 401, e/ Fidel Claro y Santiago Escobar, tel: (41) 993 673*, www.casa.trinidadphoto.com. Colonial house built in 1800 with a shady patio and roof terrace, and large rooms furnished with antiques. Knowledgeable English-speaking hosts with children, their pet dogs and horse. One of the finest *casas* in Cuba. Horse riding can be arranged.

Casa López-Santander $ *Camilo Cienfuegos 313, e/ Jesús Menéndez y Julio Antonio Mella, tel: (41) 993 541*. Rooms in an attractive home dating from 1916, with a porch and striking neoclassical facade. Two blocks from Plaza Santa Ana; a 10-minute walk to the Plaza Mayor. Parking, and pleasant patio area.

Hostal Isabel Cristina Prada $ *Fernando Echerri 31, esq. Patricio Lumumba, tel: (41) 993 054*. A colonial house in the centre, near Plaza Mayor. One room has its own street entrance. It's in the main party street, though, so not so good if you want an early night.

Santiago de Cuba

Casa Colonial Maruchi $ *San Félix 357 e/. San Germán y Trinidad, tel: (22) 620 767*, email: maruchib@yahoo.es. Ideal location in the heart of the old city, lovely colonial house around central courtyard garden. The two guest rooms have high ceilings, exposed timbers and contemporary décor. English spoken.

Casa Colonial Tania $ *Santa Rita 101, e/ Padre Pico y Callejón Santiago,* *tel: (22) 624 490,* email: aquiles@cultstgo.cult.cu. Central yet quiet colonial house with high ceilings. Two rooms, each with bathroom, one double, one twin, fridge, air conditioning, and terrace with harbour views. Meals available.

Casa Dulce $ *San Basilio, 552, esq. Clarín, tel: (22) 625 479,* email: gdcastillo20@yahoo.es. Apartment upstairs on the corner, with large windows to catch the breeze. Comfortable room, charming English-speaking hostess, and a pleasant roof terrace with spectacular views of the city.

Viñales

Villa Los Pinos $ *Salvador Cisneros, 36, tel: (48) 796 097.* Colonial house built in 1892, on the main street. The bedroom has independent access, two double beds, air conditioning and a good bathroom. English and French spoken by knowledgeable couple.

Santa Clara

Casa Mercy $ San *Cristóbal 4 e/. Cuba y Colón, tel: (42) 216 941,* email: arnaldomm@uclv.edu.cu. Charming hosts offer two spacious rooms overlooking the street in this comfortable house which is very central. Pleasant roof terrace for cocktails, excellent food offered and any diet accommodated.

Hostal Florida Center $ *Candelaria, 56 e/ Colón y Maceo, tel: (42) 208 161.* Colonial house on one level around a leafy courtyard. The charming host is an excellent cook. The rooms contain antique furniture but have modern luxuries as well.

Baracoa

Casa Colonial Lucy $ *Céspedes, 29 e/ Rubert López y Maceo, tel: (21) 643 548.* Pretty colonial house run by the efficient Lucy, who can arrange excursions and knows what is going on. Lovely rooms and a pleasant roof terrace with terrific views over the town to the sea. Good food available, local specialities served.

INDEX

Bahía de Bariay 72
Banes 73
Baracoa 81
    Fuerte Matachín 83
    Hotel El Castillo 82
    Nuestra Señora de la
       Asunción 82
Bay of Pigs 59
Boca, La 58

Camagüey 68
    Convento de Nuestra
       Señora del
       Carmen 69
    Museo Casa Natal de
       Ignacio Agramonte
       68
    Nuestra Señora de la
       Merced 68
    Parque Agramonte
       69
    Plaza del Carmen 69
    Plaza San Juan de
       Dios 70
    Santo Cristo del Buen
       Viaje 69
Cárdenas 57
Casa Museo de Ernest
    Hemingway 45
Castillo del Morro 79
Cayo Blanco 65
Cayo Coco 68
Cayo Guillermo 68
Cayo Largo 52
Cayo Levisa 52
Chorro de Maíta 72
Cienfuegos 59
    Castillo de Jagua 62
    Catedral de la Purísima
       Concepción 61
    Palacio de Valle 61

    Parque José Martí 61
    Teatro Tomás Terry 61
Cojímar 47
Cueva del Indio 51
Cuevas de Bellamar,
    Las 57
Cuevas del Paraíso,
    Las 83

Finca La Vigía 45

Gibara 72
Gran Piedra, La 80
Guamá 58
Guantánamo province 81
Guardalavaca 72

Havana 25
    Bodeguita del Medio,
       La 30
    Callejón de Chorro 29
    Callejón Hamel 42
    Calle Obispo 31
    Calle San Rafael 41
    Cámara Oscura 35
    Capitolio 36
    Casa de África 34
    Casa de la Música 45
    Casa de la Obra Pía 32
    Casa de los Árabes 34
    Casa Natal de José
       Martí 35
    Castillo de la Real
       Fuerza 30
    Castillo de los Tres
       Santos Reyes
       Magos del Morro
       39
    Cayo Hueso 42
    Cementerio de
       Cristóbal Colón 43

    Centro de Arte
       Contemporáneo
       Wifredo Lam 30
    Chinatown 42
    Convento de San
       Francisco de
       Asís 34
    Convento de Santa
       Clara 35
    Coppelia Ice Cream
       Park 42
    Fábrica de Tabacos
       Partagás 36
    Farmacia Taquechel
       32
    Floridita El 37
    Fortaleza de San
       Carlos de la
       Cabaña 40
    Fundación Alejo
       Carpentier 30
    Gran Teatro de la
       Habana 37
    Hotel Ambos Mundos
       28, 32
    Hotel Sevilla 28
    José Martí Memorial
       44
    Malecón 40
    Maqueta de la Habana
       45
    Museo de Arte
       Colonial 29
    Museo de Artes
       Decorativas 43
    Museo de la Ciudad
       de la Habana 31
    Museo de la
       Revolución 37
    Museo del Automóvil
       34

Museo del Ministerio
     del Interior 45
Museo Nacional de
     Arte Cubano 37
Museo Nacional
     Palacio de Bellas
     Artes 37
Museo Napoleónico 43
New Havana 41
Old Havana 27
Palacio de los
     Capitanes
     Generales 31
Plaza de Armas 30
Plaza de la Catedral 28
Plaza de la Revolución
     44
Plaza Vieja 34
Prado 38
Rampa La 42
Templete El 30
Vedado 42
Holguín Province 72

Isla de la Juventud 53

Jardín Botánico Soledad
     61

Laguna del Tesoro 59

Matanzas 56
Mural de la Prehistoria
     51
Museo Indo-Cubano
     Bani 73
Museo Playa Girón 59

Nueva Gerona 54

Oriente 71

Palacio de Junco 57
Parque Baconao 80
Peninsula de
     Guanahacabibes 50
Pinar del Río 48
Playa Ancón 65
Playa Esmeralda 72
Playa Girón 59
Playa Larga 58, 59
Playa Los Cocos 71
Playa Santa Lucía 70
Playas del Este 47
Playa Sirena 52
Presidio Modelo 54
Puente Yayabo 66
Punta del Este 53

Saltón, El 80
Sancti Spíritus 66
Santa Clara 66
Santiago de Cuba 73
     Avenida José A. Saco
          (Enramada) 77
     Calle Bartolomé
          Masó 77
     Calle Heredia 75
     Casa de Diego
          Velázquez 74
     Casa de las
          Tradiciones 77
     Casa de la Trova 75
     Casa Natal de José
          María Heredia 76
     cathedral 74
     Cementerio Santa
          Ifigenia 79
     Hotel Casa Granda 75
     Moncada Barracks 78
     Museo de Ambiente
          Histórico Cubano 75

Museo de la Lucha
     Clandestina 77
Museo del Carnaval
     76
Museo Histórico 26 de
     Julio 78
Old Santiago 74
Padre Pico 77
Parque Céspedes 74
Plaza Dolores 76
Sierra del Escambray 66
Soroa 48

Topes de Collantes 66
Torre de Manaca-Iznaga
     65
Trinidad 62
     Ermita La Papa 65
     Iglesia de Santa
          Ana 64
     Museo de Arqueología
          Guamuhaya 63
     Museo de
          Arquitectura
          Colonial 63
     Museo Municipal de
          Historia 64
     Museo Nacional de
          Lucha Contra
          Bandidos 64
     Museo Romántico 63

Valle de los Ingenios 65
Varadero 54
     Mansion Xanadú 55
     Retiro Josone 56
Viñales 50
Viñales Valley 50
Vuelta Abajo 50

Zapata Peninsula 58

INSIGHT ⊙ GUIDES POCKET GUIDE

CUBA

First Edition 2019

Editor: Helen Fanthorpe
Author: Klaudyna Cwynar
Head of DTP and Pre-Press: Rebeka Davies
Picture Editor: Tom Smyth
Cartography Update: Carte
Update Production: Apa Digital
Photography Credits: 123RF 80, 89;
Dreamstime 4MC, 5TC, 16, 91, 96; Getty
Images 5MC; iStock 1, 4TC, 4ML, 7, 7R, 21,
52, 67; Mockford & Bonetti/Apa Publications
19; Shutterstock 4TL, 5T, 6L, 6R, 58;
Sylvaine Poitau/Apa Publications 5M, 5MC,
5M, 11, 12, 14, 24, 26, 29, 31, 32, 35, 36,
38/39, 40, 41, 43, 44, 47, 49, 51, 53, 55, 57, 60,
63, 64, 69, 70, 73, 75, 76, 78, 83, 84, 86, 93,
94, 101, 103, 104
Cover Picture: iStock

Distribution
UK, Ireland and Europe: Apa Publications
(UK) Ltd; sales@insightguides.com
United States and Canada: Ingram
Publisher Services; ips@ingramcontent.com
Australia and New Zealand: Woodslane;
info@woodslane.com.au
Southeast Asia: Apa Publications (SN) Pte;
singaporeoffice@insightguides.com
Worldwide: Apa Publications (UK) Ltd;
sales@insightguides.com

**Special Sales, Content Licensing
and CoPublishing**
Insight Guides can be purchased in bulk
quantities at discounted prices. We can
create special editions, personalised jackets
and corporate imprints tailored to your
needs. sales@insightguides.com;
www.insightguides.biz

All Rights Reserved
© 2019 Apa Digital (CH) AG and
Apa Publications (UK) Ltd

Printed in China by CTPS

No part of this book may be reproduced,
stored in a retrieval system or transmitted in
any form or means electronic, mechanical,
photocopying, recording or otherwise,
without prior written permission from Apa
Publications.

Contact us
Every effort has been made to provide
accurate information in this publication,
but changes are inevitable. The publisher
cannot be responsible for any resulting loss,
inconvenience or injury. We would appreciate
it if readers would call our attention to any
errors or outdated information. We also
welcome your suggestions; please contact
us at: berlitz@apaguide.co.uk
www.insightguides.com/berlitz